Pretty Witty Cakes
ZUCKERFIGUREN
FÜR
TORTEN

GERSTENBERG

Inhalt

Ich freue mich, dass Sie mein erstes Buch in der Hand halten. Darf ich Sie auf einen Ausflug in die bunte Welt der Tortendekorationen einladen und Ihnen zeigen, wie witzige, niedliche und vor allem einzigartige Zuckerfiguren entstehen?

Als ich anfing, mich mit Tortendekorationen zu beschäftigen, konnte ich kein gutes Anleitungsbuch finden. Also entwickelte ich meine eigenen Methoden, die ich jetzt an Interessierte weitergebe. In den letzten drei Jahren haben tausende Hobby-Zuckerbäcker aus 45 Ländern an meinen Workshops teilgenommen oder meine Online-Tutorials besucht. Es macht mir viel Freude, wenn absolute Einsteiger es binnen kürzester Zeit schaffen, tolle Figuren zu modellieren, und ich bin immer wieder begeistert, wenn Besucher meiner Tutorials mir Fotos von ihren Kreationen schicken. Diese Fotos und die Kommentare zeigen mir, dass meine Lehrmethode tatsächlich funktioniert.

Dieses Buch ist so konzipiert, dass auch völlig Ungeübten die verschiedensten Figuren gelingen werden. Schritt-für-Schritt-Fotos zeigen jeden Arbeitsschritt ganz genau – wie in meinen Videos und Kursen. Außerdem verrate ich viele Tricks, die für Figuren aller Art angewandt werden können. Sie werden sehen: Auch Ihnen werden im Nu charmante Tortendekorationen gelingen.

Pretty Witty Cakes wurde 2010 gegründet, als ich nach der Geburt meines ersten Kindes beschloss, mich beruflich neu zu orientieren. Man sagt ja, dass Kinder das Leben verändern, aber dass ich einmal ein Buch über Tortendekorationen schreiben würde, hätte ich mir früher nie träumen lassen. Meine Söhne Barnaby (5 Jahre) und Bertie (3 Jahre) spielen bei Pretty Witty Cakes eine wichtige Rolle. Die frechen Gesichtsausdrücke und Posen meiner Figuren fallen mir immer dann ein, wenn ich meine Kinder beobachte. Mit den fröhlich bunten Farben meiner Zuckerfiguren möchte ich zudem die verspielte Seite von Kindern und Erwachsenen gleichermaßen ansprechen.

Selbst Anfänger, die nur ab und zu zwischen Beruf und Familie eine Torte backen und verzieren, brauchen für die Figuren nicht viel Zeit. Die Techniken sind einfach, sie lassen sich leicht und schnell erlernen. Ich beginne immer mit Kugeln und modelliere daraus andere einfache Formen – Eier, Würste und so weiter. Wenn Sie also eine Kugel rollen können, dann können Sie jede meiner Figuren nacharbeiten.

Sie finden in diesem Buch zudem viele Vorschläge zum Arrangieren der Figuren auf einer Torte. Die Größen der gezeigten Torten sind angegeben, Rezepte habe ich aber nicht ins Buch aufgenommen, weil mein Thema das Modellieren von Zuckerfiguren ist.

Einsteigern empfehle ich, zuerst einige meiner Figuren exakt nachzuarbeiten, um sich mit den Techniken vertraut zu machen. Danach können Sie das Gelernte anwenden, um eigene Kreationen zu modellieren. Nehmen Sie sich Zeit, jeden Schritt sorgfältig nachzuvollziehen. Aber vor allem wünsche ich Ihnen viel Spaß beim Gestalten und natürlich auch beim Essen.

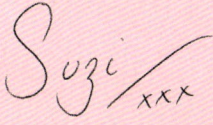

Tipps und Techniken

Modelliermassen

Fondant (Zuckerpaste)

Alle Figuren in diesem Buch werden aus Fondantmasse modelliert. Dabei handelt es sich um eine Zuckerpaste. Sie ist vielseitig und leicht zu verarbeiten. Man kann sie im Fachhandel für Konditoreibedarf kaufen oder im Internet bestellen. Wer möchte, kann sie auch selbst herstellen, im Internet finden Sie viele Rezepte.

Farbige Fondantmasse

Ich arbeite meist mit weißem Fondant, den ich mit Lebensmittelfarben selbst einfärbe. Welche Nuancen dabei entstehen können, sehen Sie auf Seite 10–11. Nur für sehr intensive Farben wie Schwarz, Braun, Rot und Blau, für die unverhältnismäßig viel Farbpaste notwendig wäre, verwende ich fertig gefärbte Fondantmasse.

Blütenpaste

Für Details, die nach dem Trocknen sehr fest werden sollen, verwende ich Blütenpaste. Sie trocknet schneller als Fondant und wird härter. Blütenpaste eignet sich beispielsweise gut für den Rüschenrock der kleinen Tanzfee (siehe Seite 66–71).

Zuckermasse aufbewahren

Fondant und Blütenpaste müssen immer gut verpackt werden, damit sie nicht austrocknen. Nehmen Sie die benötigte Menge ab und verpacken Sie den Rest sofort danach luftdicht in einem Gefrierbeutel. Soll die Masse einige Wochen lang gelagert werden, legen Sie den geschlossenen Beutel zusätzlich in eine luftdicht schließende Plastikbox. So bleibt die Masse geschmeidig.

Fertige Figuren aufbewahren

Im Gegensatz zur unverarbeiteten Zuckermasse dürfen fertige Figuren nicht in Plastikbeuteln oder -boxen gelagert werden. Unter Luftabschluss kann Feuchtigkeit nicht entweichen, die Masse wird weich und die Figuren werden klebrig und verlieren ihre Form. In Pappschachteln dagegen können die Figuren bis zu 4 Wochen gelagert werden. Durch die Trocknung wird der Fondant hart. Fassen Sie fertige Figuren vorsichtig an, damit Sie nichts abbrechen!

Fondantmasse vorbereiten

Wenn sich Fondantmasse schlecht verarbeiten lässt, liegt es vielleicht an der Temperatur oder Luftfeuchtigkeit im Raum. In solchen Fällen helfen Zusatzstoffe wie Traganth, CMC oder Tylose-Pulver. Sie verbessern die Modellierbarkeit der Masse und beschleunigen die Trocknung. Sie benötigen ungefähr 1 Teelöffel eines dieser Zusatzstoffe auf 250 g Fondant, je nach Raumklima auch geringfügig mehr oder weniger. Das Pulver sorgfältig unterkneten, dann die Masse 2 Stunden ruhen lassen, damit das Verdickungsmittel seine Wirkung entfalten kann. Danach können Sie die Masse wie gewohnt verarbeiten. Alle drei Zusatzstoffe besitzen die gleiche Wirkung, aber jeder Zuckerbäcker hat seine Vorlieben. Ich bevorzuge Traganth. Nähere Informationen zu diesen Produkten finden Sie im Kasten rechts.

Traganth

Traganth wird aus dem Saft einer Pflanze gewonnen, die im Nahen Osten wächst. Der Saft wird der Wurzel entzogen und getrocknet. So entsteht ein Pulver, das nach nichts schmeckt, scheußlich riecht, Fondant aber hervorragend bindet. Das cremeweiße Pulver ist sehr fein und kann, wenn es eingeatmet wird, Hustenreiz auslösen.

CMC

CMC steht für Carboxymethylcellulose. Es ist synthetisch hergestelltes Traganth und sieht genauso aus. Es wirkt etwas schneller und ist etwas preisgünstiger.

Tylose

Dies ist der Markenname eines CMC-Produkts. Die Wirkweise entspricht den beiden zuvor genannten Stoffen.

Farbpasten

Verwenden Sie zum Einfärben von Fondantmasse immer Lebensmittelfarben in Pastenform. Flüssige Farben würden die Konsistenz der Zuckermasse verändern. Etwas Farbpaste mit einem Zahnstocher auf die Zuckermasse geben und verkneten, bis die Fondantmasse oder Blütenpaste gleichmäßig gefärbt ist. Wenn der Farbton zu hell ausfällt, einfach nochmals Farbpaste unterkneten.

Weißes Pflanzenfett

Wenn die Zuckermasse trocken und spröde wird, können Sie mit der Fingerspitze etwas weißes Pflanzenfett, z. B. Palmin, auftupfen und sorgfältig unterkneten.

Augenmaß

Die Gewichts- und Maßangaben in diesem Buch sind Richtwerte. Sie brauchen sich nicht ganz exakt daran zu halten. Verlassen Sie sich lieber auf Ihr Auge, um die Größe einer Kugel, eine benötigte Fondantmenge oder einen Farbton einzuschätzen. Mit der Zeit werden Sie Ihre eigenen Vorlieben für Proportionen und Gestaltung entwickeln. Dann kristallisiert sich Ihr persönlicher Stil heraus.

Farbpulver

Wenn Ihnen die Farbgebung einer fertigen Figur etwas fade oder auch zu bunt erscheint, können Sie mit Lebensmittelfarben in Pulverform nacharbeiten. Das Pulver sollte immer mit einem trockenen Pinsel aufgestäubt werden. Diese Technik eignet sich gut für zarte Effekte, etwa rote Wangen in einem Elfengesicht, oder für eine nuancenreiche Farbgebung, beispielsweise für Schuppen eines Fischs oder den Panzer einer Schildkröte.

Teile zusammensetzen

In den meisten Fällen lassen sich Figurenteile mit etwas Wasser oder essbarem Klebstoff, aufgetragen mit einer Pinselspitze, gut zusammensetzen. Für schwerere oder zerbrechliche Teile empfiehlt sich die Verwendung von Eiweißspritzglasur. Als innere Stütze und Verbindung, etwa zwischen Kopf und Körper, sind ungekochte Spaghetti gut geeignet. Sie werden wie eine Wirbelsäule in den Rumpf gesteckt. Zahnstocher und andere Hilfsmittel, die nicht essbar sind, sollten Sie für Ihre Figuren möglichst nicht verwenden.

Fondant bemalen

Mit flüssigen Farben können Sie tolle Muster auf Fondant malen. Ich mische meist etwas Farbpaste (mit der Spitze eines Zahnstochers aufgenommen) mit einem Teelöffel kochendem Wasser. Je mehr Wasser man zugibt, desto transparenter wird die Farbe. Ist sie zu blass, einfach etwas mehr Farbpaste zugeben. Manchmal verrühre ich auch einen halben Teelöffel Farb- oder Glanzpulver mit einem halben Teelöffel Isopropylalkohol, Zitronenextrakt oder Wodka. Je mehr Farbpulver Sie verwenden, desto dickflüssiger wird die Farbe. Wodka trocknet langsamer als Isopropylalkohol oder Zitronenextrakt, weil er mehr Wasser enthält.

Fondant-Farben

Die meisten Farbpasten sehen im Döschen schwarz aus, und man kann schwer einschätzen, wie die genauen Farbergebnisse ausfallen werden. Darum zeige ich hier die Färbewirkung verschiedener Produkte anhand von 168 Beispielen.

1 RS white	57 PME sunny yellow	113 RS Atlantic blue	
2 SF super white	58 SF daffodil pastel	114 AM electric blue	
3 AM bright white	59 AM electric yellow	115 AM sky blue	
4 RS shell pink	60 SF primrose	116 SF navy	
5 SF liquorice	61 SF daffodil pastel	117 SF baby blue	
6 PME midnight black	62 PME sunny yellow	118 AM navy	
7 SF shadow grey	63 RS white chocolate	119 AM royal blue	
8 SF shadow grey	64 SF cream	120 RS navy	
9 SF black extra	65 PME lime crush	121 SF deep purple	
10 AM super black	66 SF lemon/lime	122 AM regal purple	
11 SF liquorice	67 SF lemon/lime	123 SF grape violet	
12 SF eucalyptus	68 AM electric green	124 PME regal purple	
13 RS grey	69 PME lime crush	125 RS amethyst	
14 RS bottle green	70 SF mint green	126 AM electric purple	
15 PME midnight black	71 SF spring green pastel	127 AM fuchsia	
16 AM super black	72 AM mint green	128 AM electric purple	
17 SF black extra	73 SF spring green pastel	129 SF lavender pastel	
18 RS black	74 SF party green	130 SF grape violet	
19 RS chocolate brown	75 SF Christmas green	131 SF deep purple	
20 AM chocolate brown	76 RS pastel green	132 PME regal purple	
21 SF dark brown	77 SF spruce green	133 AM regal purple	
22 SF dark brown	78 SF peppermint pastel	134 RS lilac	
23 SF ivory/caramel	79 SF holly green	135 SF lavender pastel	
24 RS teddy bear brown	80 AM avocado	136 SF dusky pink	
25 AM chocolate brown	81 SF eucalyptus	137 AM fuchsia	
26 SF brown pastel	82 SF gooseberry	138 SF pink	
27 AM ivory	83 RS lime green	139 SF baby pink pastel	
28 SF autumn leaf	84 SF gooseberry	140 PME hot pink	
29 AM gold	85 AM avocado	141 RS baby pink	
30 SF egyptian orange	86 SF holly green	142 SF claret	
31 SF ivory	87 SF spruce green	143 SF burgundy	
32 SF autumn leaf	88 SF Christmas green	144 PME berry red	
33 AM ivory	89 RS Lincoln green	145 SF poppy red	
34 AM gold	90 AM electric green	146 SF ruby	
35 SF brown pastel	91 SF mint green	147 SF red extra	
36 RS flesh	92 AM mint green	148 AM soft pink	
37 PME tiger lily	93 SF party green	149 SF baby pink pastel	
38 SF flesh/paprika	94 SF peppermint pastel	150 AM super red	
39 SF orange pastel	95 AM teal	151 AM electric pink	
40 SF tangerine/apricot	96 RS jade green	152 SF scarlet pastel	
41 SF orange pastel	97 SF turquoise	153 PME hot pink	
42 PME tiger lily	98 SF sky blue pastel	154 AM electric pink	
43 SF flesh/paprika	99 RS duck egg blue	155 AM soft pink	
44 SF tangerine/apricot	100 SF navy	156 SF scarlet pastel	
45 AM electric orange	101 SF baby blue pastel	157 SF pink	
46 RS orange	102 AM navy	158 RS fuchsia	
47 SF egg yellow	103 AM royal blue	159 PME berry red	
48 AM electric orange	104 RS baby blue	160 SF ruby	
49 SF egg yellow	105 AM teal	161 SF red extra	
50 SF egyptian orange	106 SF ice blue	162 RS poppy red	
51 SF cream	107 AM sky blue	163 AM super red	
52 RS yellow	108 AM electric blue	164 SF poppy red	
53 SF melon	109 SF sky blue pastel	165 SF claret	
54 SF primrose	110 SF turquoise	166 SF ruby red	
55 SF melon	111 RS turquoise	167 SF burgundy	
56 AM electric yellow	112 SF ice blue	168 SF dusky pink	

Hersteller-Abkürzungen
SF Sugarflair
AM Americolor
RS Renshaw Sugarpaste
PME PME

Hinweis: Einige Farben sind zweimal aufgeführt, um die Färbewirkung sowohl bei sparsamer als auch bei großzügiger Dosierung zu zeigen.

49
61
73
85
97
109
121
133
145
157

50
62
74
86
98
110
122
134
146
158

51
63
75
87
99
111
123
135
147
159

52
64
76
88
100
112
124
136
148
160

53
65
77
89
101
113
125
137
149
161

54
66
78
90
102
114
126
138
150
162

55
67
79
91
103
115
127
139
151
163

56
68
80
92
104
116
128
140
152
164

57
69
81
93
105
117
129
141
153
165

58
70
82
94
106
118
130
142
154
166

59
71
83
95
107
119
131
143
155
167

60
72
84
96
108
120
132
144
156
168

Die wichtigsten Hilfsmittel

Die wichtigsten Modellierwerkzeuge sind Ihre Hände. Außer ihnen benötigen Sie nur relativ wenige Hilfsmittel. Die unten genannten Utensilien bilden eine nützliche Grundausstattung, allerdings kommen nicht alle bei jeder Figur zum Einsatz. Lesen Sie am besten die Anleitung ganz durch und legen Sie sich die benötigten Werkzeuge bereit, bevor Sie beginnen.

1 Spritzpaste, gefärbt mit Lebensmittel-Farbpaste in Blau
2 Antihaftbeschichtete Unterlage
3 Essbarer Kleber
4 Skalpell
5 Rotmarderhaar-Pinsel Größe 1
6 Rotmarderhaar-Pinsel Größe 2
7 Rotmarderhaar-Pinsel Größe 3
8 Spaghetti, ungekocht
9 Zahnbürste
10 Veiner (Prägewerkzeug)
11 Schaumstoff-Unterlage mit Löchern
12 Schaumstoff-Unterlage für Blumen
13 Modellierpresse
14 Haar-Einsatz für Modellierpresse
15 Seil-Einsatz für Modellierpresse
16 Zange
17 Verschiedene Spritztüllen (z. B. Größe 2, 10 und 103)
18 Gummi-Traganth (oder CMC oder Tylose-Pulver)
19 Weißes Pflanzenfett (z. B. Palmin)
20 Ovale Ausstecher in verschiedenen Größen

21 Lebensmittelfarben, Pulver
22 Lebensmittelfarben, Paste
23 Colour Shaper, kerzenförmiger Meißel
24 Colour Shaper, kelchförmiger Meißel
25 Colour Shaper, flacher Meißel
26 Colour Shaper, spitzer Meißel
27 Colour Shaper, Eck-Meißel
28 Runde Ausstecher in verschiedenen Größen
29 Lebensmittelfarbstift, schwarz
30 Metalllineal mit Skala
31 Antihaftbeschichteter Teigroller
32 Palettmesser, abgewinkelt
33 Modellierwerkzeug, U-Form
34 Modellierwerkzeug, Rad
35 Modellierwerkzeug, Kugel
36 Modellierwerkzeug, Nadel
37 Modellierwerkzeug, Zackenrad
38 Zahnstocher
39 Tropfenförmige Ausstecher in verschiedenen Größen
40 Isopropylalkohol, Zitronenextrakt oder Wodka
41 Spitze Handarbeitsschere

Auf Safari

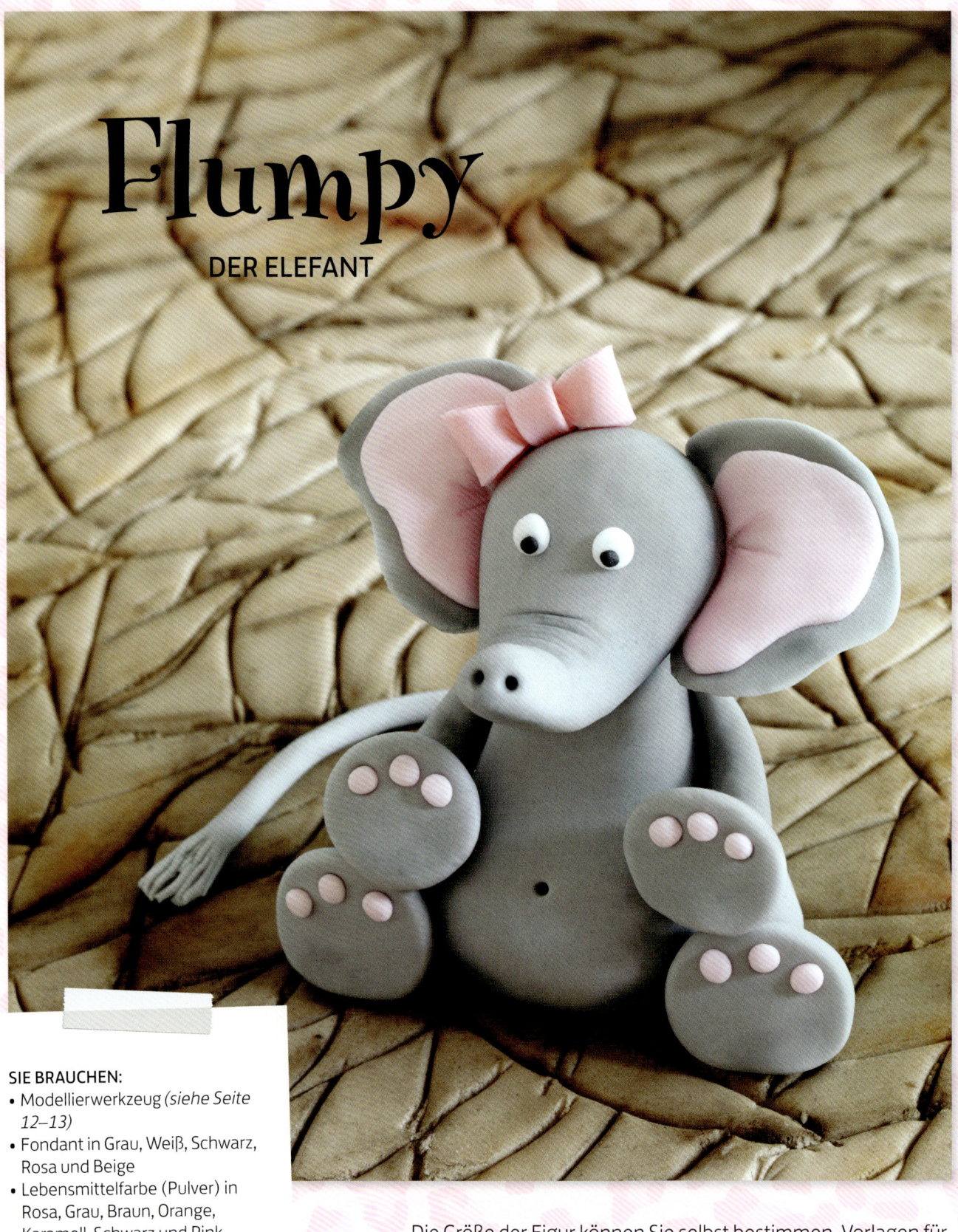

Flumpy

DER ELEFANT

SIE BRAUCHEN:
- Modellierwerkzeug *(siehe Seite 12–13)*
- Fondant in Grau, Weiß, Schwarz, Rosa und Beige
- Lebensmittelfarbe (Pulver) in Rosa, Grau, Braun, Orange, Karamell, Schwarz und Pink

Die Größe der Figur können Sie selbst bestimmen. Vorlagen für die hier gezeigte Größe finden Sie auf Seite 180. Sie benötigen Fondantmasse in Grau, Weiß, Schwarz und Rosa, außerdem Fondant in Beige für den Hintergrund.

1 Zuerst aus grauem Fondant 6 Kugeln rollen: einen Rumpf, einen Kopf, 2 Arme und 2 Beine.

2 Die größte Kugel zwischen den Händen in eine Kegelform rollen.

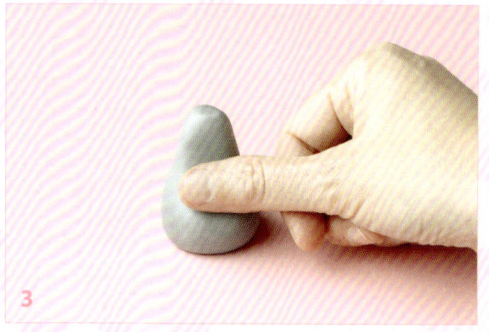

3 Den Kegel aufstellen, die Spitze zeigt nach oben. Die Vorderseite mit dem Daumen für die Bauchrundung eindrücken.

4 Größenvergleich: Die Kugel für den Kopf muss etwa halb so hoch sein wie der Rumpf.

5 Für den Rüssel den Zeigefinger auf die Mitte des Kopfes legen und hin und her rollen.

6 Die Rüsselspitze mit dem Finger rund formen. Der Rüssel sollte etwa so lang wie das letzte Fingerglied Ihres Zeigefingers sein.

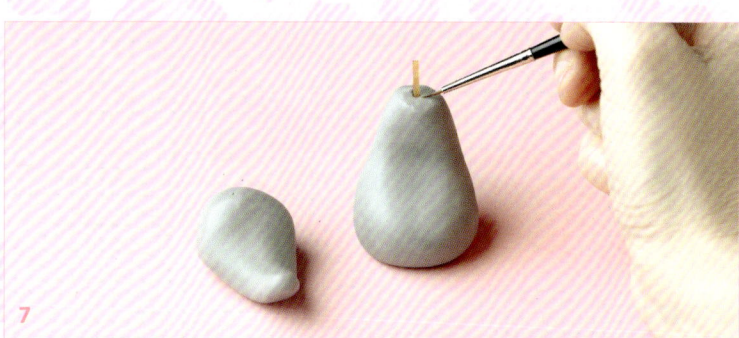

7 Ein Stück Spaghetti in den Rumpf stecken. Oben soll nur noch ein kleines Stück herausschauen. Auf dieses Stück den Kopf aufsetzen, aber noch nicht festkleben.

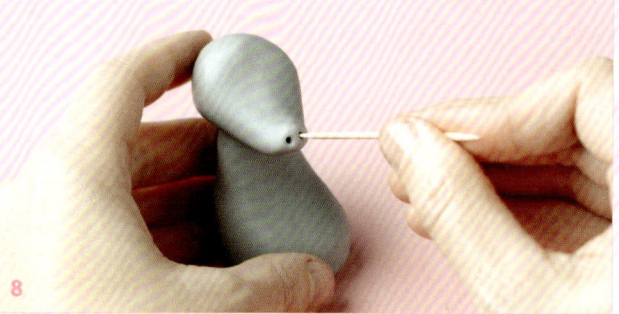

8 Mit einem Zahnstocher 2 Löcher in die Rüsselspitze stechen. Das sind die Nasenlöcher.

9 Für die Augen kleine Löcher stechen, mit einem Pinsel Kleber auftragen. 2 gleich große Kugeln aus weißem Fondant rollen.

10 Die Kugeln in die Löcher setzen und andrücken, sodass sie leicht in den Kopf einsinken.

11 2 kleine Kugeln aus schwarzem Fondant rollen und als Pupillen auf den Augen mit essbarem Kleber befestigen.

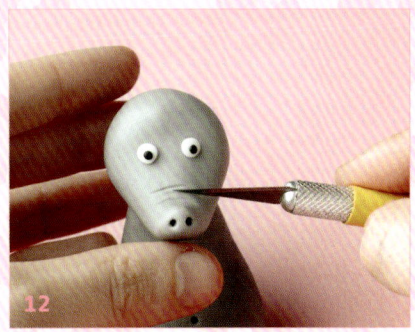

12 Mit dem Rücken eines Skalpells einige Runzeln in die Oberseite des Rüssels drücken.

13 Die vorbereiteten Kugeln für die Beine zwischen den Handflächen kegelförmig rollen.

14 Das breite Ende jedes Kegels auf die Arbeitsfläche klopfen, bis eine flache, breite Fußsohle entsteht.

15 Die Beine seitlich an den unteren Rumpf kleben und den Übergang zum Rumpf (an der Hüfte) glätten.

16 Mit dem kleinen Kugel-Modellierwerkzeug in jede Fußsohle 3 Vertiefungen drücken.

17 Für die Arme Schritt 13–16 wiederholen. Sie sollen etwas dünner sein als die Beine, aber auch etwas länger, damit sie auf den Füßen aufliegen können. An den Rumpf kleben.

18 Wie in Schritt 16 Vertiefungen in die Handflächen drücken. 12 gleich große rosa Fondantkugeln rollen und mit Kleber in den Vertiefungen befestigen.

19 Nun etwas grauen Fondant auf einer antihaftbeschichteten Unterlage ausrollen.

20 Mit einer tropfenförmigen Ausstechform 2 Ohren ausstechen (je größer die Ohren, desto niedlicher der Elefant).

21 Von beiden Seiten jedes Tropfens ein kleines Stück abtrennen und entfernen.

22 Die Spitzen von den Ohren abschneiden.

23 Die Schnittkanten mit dem Finger nachstreichen, damit die Ohren schön glatt und rund werden.

24

Etwas hellrosa Fondant auf einer nichthaftenden Unterlage ausrollen und 2 Tropfen wie in Schritt 20 ausstechen.

25

Die Ränder so abtrennen, dass 2 Ovale entstehen, die etwas kleiner als die grauen Ohren sind.

26

Die rosa Ovale auf die grauen Ohren kleben. Die eckigen Enden der Ohren frei lassen.

27

Essbaren Kleber auf die eckigen Enden der Ohren auftragen.

28

Die Ohren seitlich an den Kopf des Elefanten kleben.

29

Mit dem Rücken eines Skalpells Falten in die Ohren drücken.

EXTRATIPP
Befestigen Sie Elefantenohren unbedingt seitlich am Kopf. Wenn sie oben auf dem Kopf sitzen, wird der Elefant zur Maus. Die Größe der Ohren bestimmen Sie selbst – und damit auch den Charakter der Figur.

30

Für den Schwanz aus grauem Fondant eine Wurst mit einem verdickten Ende rollen.

31

Das dickere Ende mit dem Skalpell mehrmals einschneiden. Den Schwanz ans Hinterteil des Elefanten kleben.

32

Etwas rosa Fondant ausrollen und einen geraden Streifen zuschneiden. In die Mitte des Streifens einen Tupfer Kleber geben.

33

Die Enden zur Mitte umklappen, sodass eine Schleifenform entsteht. Einen schmaleren Streifen aus rosa Fondant zuschneiden und um die Mitte der Schleife legen.

34

Die Enden des schmalen Streifens bündig mit der Schleife abschneiden.

35

Die Schleife auf den Kopf des Elefanten kleben. Die Falten in den Ohren mit rosa Farbpulver etwas abdunkeln. Ebenso die Runzeln auf dem Rüssel und am Ansatz der Beine mit grauem Farbpulver hervorheben.

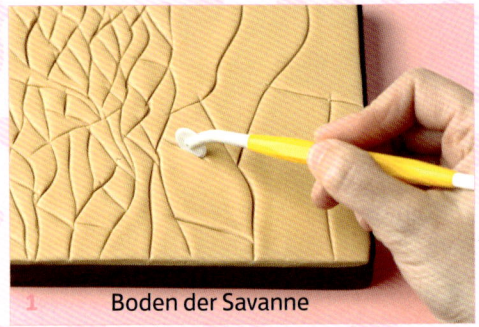

1 Boden der Savanne

Fondant in Beige auf einem Backblech ausrollen und mit einem Modellierrad ein Muster aus unregelmäßigen Linien einritzen.

2

Einige Linien mit einem Zahnstocher nacharbeiten, sodass sie »ausgefranst« aussehen.

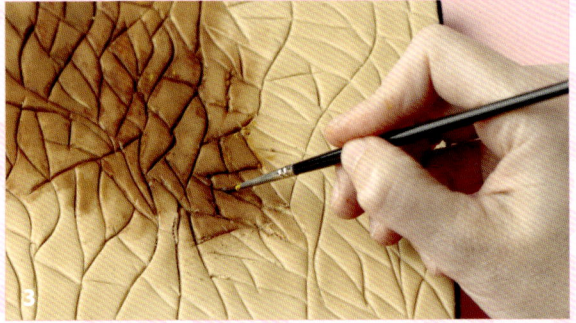

3

Die Oberfläche mit Farbpulver in Braun, Orange und Karamell bestäuben und die Linien mit dunkelbraunem Farbpulver, das mit einigen Tropfen Isopropylalkohol vermischt wurde, nachziehen.

1 Tierfell-Muster

Farben nach Wahl mit einigen Tropfen Isopropylalkohol mischen. Ich habe Schwarz und Pink verwendet.

2

Unregelmäßige Flecken in Pink auf die Decke des Kuchens malen und schwarz konturieren. Die Konturen dürfen einander nicht berühren.

TORTEN-DESIGN
Die abgebildete Torte hat einen Durchmesser von ca. 12 cm und eine Höhe von 15 cm. Das Tierfellmuster habe ich von Hand gemalt. Wenn Sie Ihren Elefanten auf eine ähnliche Torte setzen wollen, befestigen Sie ihn mit etwas essbarem Klebstoff oder steifem Zuckerguss mit Eiweiß.

Jeremy
DIE GIRAFFE

SIE BRAUCHEN:
- Modellierwerkzeug *(siehe Seite 12–13)*
- Fondant in Gelb, Weiß, Schwarz, Karamell, Braun, Rot und Rosa
- Blütenpaste in Grün
- Blatt-Prägewerkzeug
- 3 lange Trinkhalme
- Floristenband
- Floristendraht, Stärke 18
- Holzstäbchen

Die Größe der Figur können Sie selbst bestimmen. Vorlagen für die hier gezeigte Größe finden Sie auf Seite 180. Sie benötigen Fondantmasse in Gelb, Weiß, Schwarz, Karamell und Braun. Für die Accessoires brauchen Sie Fondantmasse in Rot, Weiß, Schwarz, Rosa und Braun sowie grüne Blütenpaste.

1

Aus gelbem Fondant 2 unterschiedlich große Kugeln für Rumpf und Kopf rollen.

2

Die größere Kugel kegelförmig rollen, dabei den Hals formen. Die Länge des Halses bestimmen Sie selbst (8 cm sind ausreichend).

3

1–2 Spaghettistücke der Länge nach in den Kegel stecken, oben etwas herausschauen lassen. Formen Sie das Hinterteil ruhig etwas breiter: Das sieht niedlich aus.

4

Die kleine Kugel mit dem Finger so rollen, dass in der Mitte eine Vertiefung entsteht und der Hinterkopf kleiner als die Schnauze wird.

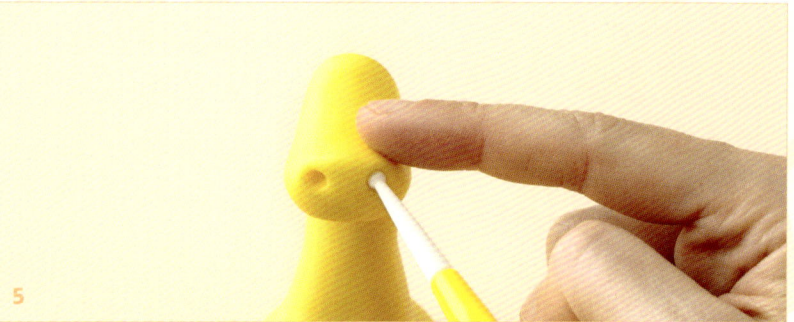

5

Den Kopf auf die Spaghetti im Hals stecken (noch nicht festkleben). Mit dem kleinen Kugel-Modellierwerkzeug 2 Nasenlöcher eindrücken. Dabei von oben mit dem Finger auf die Nase drücken, um die Nasenlöcher etwas zu weiten.

6

Den Kopf wieder abnehmen. Mit dem oberen Rand einer Spritztülle vorsichtig einen lächelnden Mund eindrücken.

7

Mit einem kleinen Kugel-Modellierwerkzeug Vertiefungen für die Augen eindrücken. Darüber mit einem Zahnstocher Löcher für die braunen Hörner stechen.

8

2 weiße Fondantkugeln für die Augen rollen (große Augen sind niedlicher als kleine) und in die vorbereiteten Vertiefungen drücken.

9

2 kleine Kugeln aus schwarzem Fondant als Pupillen auf die Augen kleben.

10

Braunen Fondant mit etwas Orange karamellbraun abtönen und 2 kleine Kugeln rollen.

11

Beide Kugeln zu Kegeln formen und am breiteren Ende eine kleine Verdickung modellieren.

12

Von beiden Hörnern das spitze Ende abschneiden.

13

Den Kopf auf den Rumpf setzen, in die Löcher aus Schritt 7 Kleber tupfen und die Hörner ankleben.

14

Jetzt sollte Ihre Giraffe ungefähr so aussehen.

15

Kleine braune Fondantkugeln auf einer antihaftbeschichteten Unterlage flach drücken. Die Ränder bleiben unregelmäßig.

16

Den braunen Fleck auf den Rumpf setzen und die Ränder mit einem flachen Colour Shaper so glatt andrücken, dass kein Ansatz mehr zu sehen ist.

17

Weitere Flecken auf Kopf und Rumpf befestigen. Anzahl und Anordnung bestimmen Sie.

18

Etwas gelbe Fondantmasse ausrollen und daraus für die Ohren 2 gelbe Tropfen von 1,5 cm Länge ausstechen.

19

Aus braunem Fondant 2 kleine Tropfen (1 cm Länge) ausstechen und auf die gelben kleben. Die braunen Tropfen sollten an der Rundung näher an der Kontur der gelben sein.

20

Ein Ohr an der Spitze zusammendrücken, dann den Rand etwas einrollen.

21

Die Spitze des Ohrs abschneiden.

22

Schritt 20–21 für das andere Ohr wiederholen. Die Ohren abwärts geneigt seitlich am Kopf befestigen.

23

Aus gelber Fondantmasse 2 große Kugeln, 2 mittlere Kugeln und eine kleine Kugel rollen.

24

Für das Bein eine große Kugel wie eine Wurst mit einer Verdickung für das Knie in der Mitte formen.

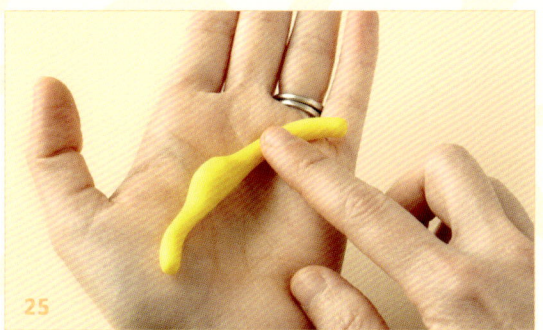

EXTRATIPP
Fondant sollte geschmeidig sein. Ist er zu fest oder brüchig, geben Sie weniger Gummi-Traganth (oder CMC/Tylose) hinzu. Wer etwas Übung hat, kann auf diese Zusatzstoffe auch ganz verzichten.

25

Das Bein relativ lang und dünn ausrollen. Das Knie darf nicht zu dick sein.

26

Das Bein am einen Ende abschneiden, das andere Ende zwischen Daumen und Zeigefinger flach drücken.

27

Für den Huf eine kleine Kugel aus dunkelbraunem Fondant rollen.

28

Die Kugel kegelförmig rollen, dann die breite Seite auf der Arbeitsfläche flach drücken.

29

Die Spitze des Kegels abschneiden. Das restliche Stück als Huf ans gerade Ende des Beins kleben.

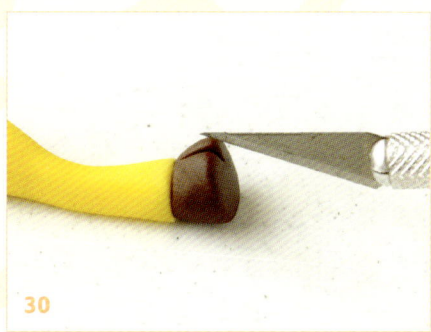

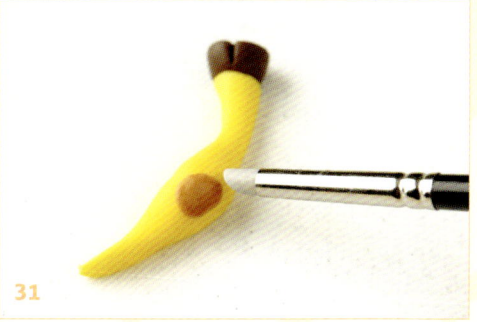

30

In den Huf vorne eine kleine Rille ritzen.

31

Braune Flecken auf das Bein legen und, wie bei Kopf und Rumpf, mit dem flachen Colour Shaper die Ränder glätten.

32

Für das zweite Bein Schritt 24–31 wiederholen, jedoch dieses Bein mit spiegelbildlicher Krümmung formen.

33

Beide Beine mit essbarem Kleber am unteren Rumpf befestigen.

34

Für die Arme Schritt 24–32 mit den mittelgroßen Kugeln wiederholen. Die Arme an den Ellenbogen etwas stärker abwinkeln.

35

Die Arme an den Schultern befestigen und vor dem Rumpf überkreuzen.

36

Für den Schwanz die kleinste Kugel zur Wurst rollen und das eine Ende abschneiden. Den Schwanz biegen und das andere Ende flach drücken.

37

Für die Quaste eine Kugel aus braunem Fondant zum Kegel formen und das runde Ende abschneiden.

38

Das abgeflachte Schwanzende abschneiden. Die Quaste ans andere Ende kleben und mit dem Modellierrad Rillen eindrücken. Flecken anbringen.

39

40

Den Schwanz unter das Hinterteil der Giraffe kleben. Wenn Sie möchten, können Sie den Kopf leicht drehen. Wenn Ihnen die Haltung gefällt, kleben Sie ihn fest.

Cecil, die Schlange

1

Aus einer Kugel roter Fondantmasse eine lange, spitz zulaufende Wurst rollen.

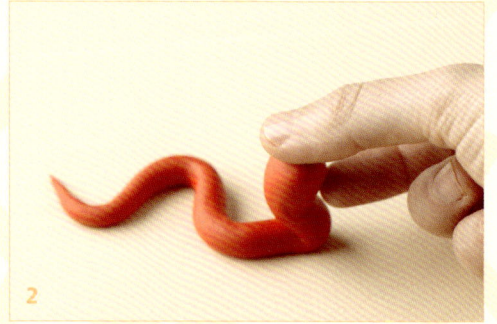

2

Ins dünne Ende Wellen biegen, das dickere Ende aufrecht stellen.

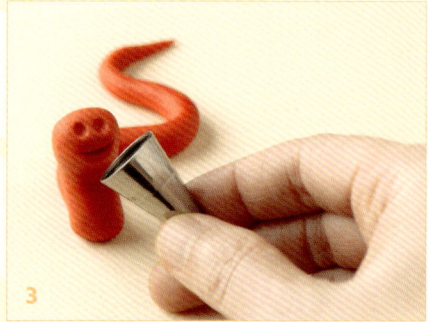

3

Mit der breiten Seite einer kleinen Spritztülle den Mund eindrücken. Für die Augen ein Kugel-Modellierwerkzeug verwenden.

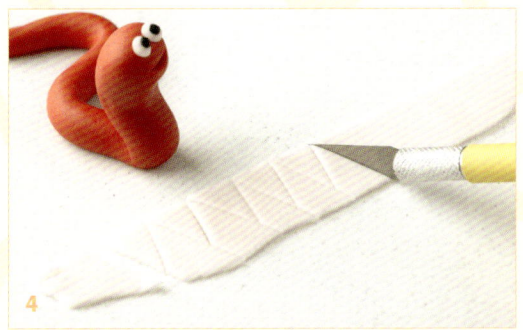

4 2 Kugeln aus weißem Fondant für die Augen rollen und festkleben. Darauf als Pupillen 2 kleine Kugeln aus schwarzem Fondant setzen. Einen Streifen weißen Fondant ausrollen und Dreiecke ausschneiden.

5 Die Dreiecke mit essbarem Kleber auf dem Schlangenkörper befestigen.

6 So könnte Ihre fertige Schlange aussehen.

1 Kokosnüsse

Aus weißem Fondant ein Oval (1,5 cm lang, 1 cm dick) rollen und auf ein dünnes Rechteck aus braunem Fondant legen.

2 Den braunen Fondant um den weißen wickeln, an den Enden Dreiecke ausschneiden, dann andrücken. Zwischen den Händen rollen, bis keine Nahtstellen mehr zu sehen sind.

3 Die Struktur der Schale mit dem Modellierrad ausarbeiten.

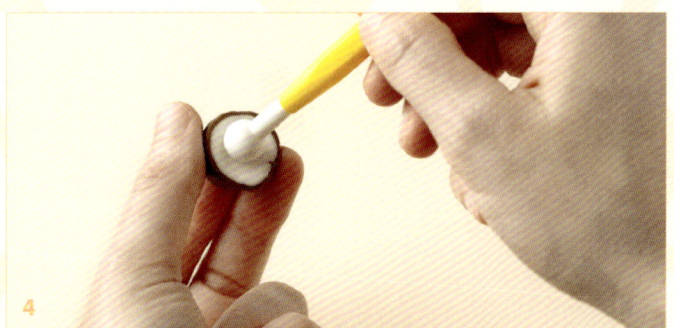

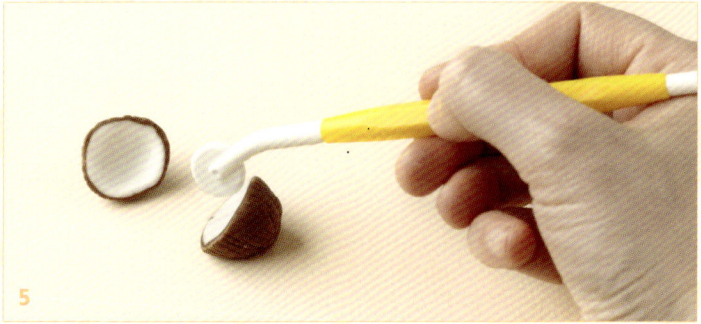

4 Einige Kokosnüsse halbieren und das weiße Innere mit einem Kugel-Modellierwerkzeug eindrücken.

5 Die Schnittkante der braunen »Schale« mit dem Modellierrad aufrauen.

1 Blätter

Große und kleine Blätter aus grüner Blütenpaste freihändig ausschneiden.

2 Adern mit einer Modelliernadel einritzen oder mit einem Blatt-Prägewerkzeug eindrücken.

3 Mindestens 2 Stunden (besser 24 Stunden) auf einem Teigroller oder einer anderen gekrümmten Oberfläche trocknen lassen.

Palme

1 3 lange Trinkhalme mit Floristenband zu einem Stamm zusammenbinden.

2 Den Stamm in die Mitte des Kuchens stecken und bis zum Boden hinunterdrücken, damit er fest steht.

3 Floristendraht in die Trinkhalme stecken und umbiegen. Holzstäbchen in die Halme stecken, um die Drähte zu fixieren.

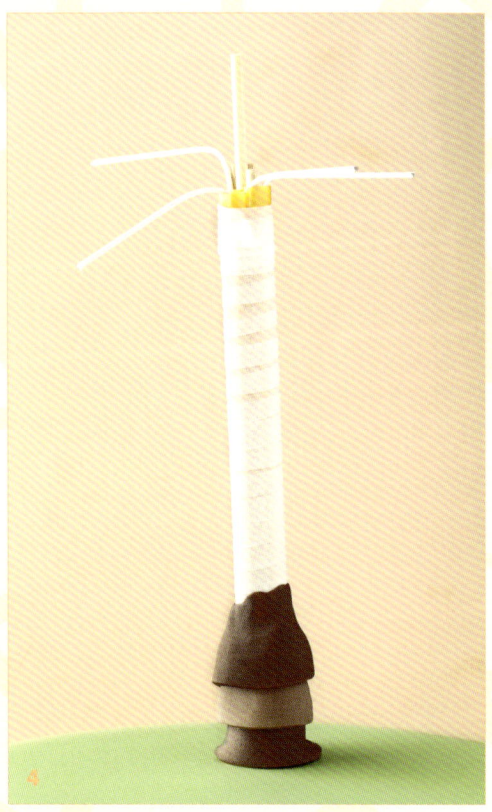

4 Streifen aus Fondant in drei Brauntönen überlappend um den Stamm legen und mit essbarem Kleber fixieren.

5 Die Drähte mit braunem Fondant umhüllen und in die Mitte eine braune Fondantkugel kleben.

6 4 große, getrocknete Blätter an die umhüllten Drähte kleben.

7 Auf der Kugel in der Mitte der Palme weitere, kleinere Blätter festkleben.

EXTRATIPP

Alle Figuren sind aus einfachen Formen aufgebaut. Aus nicht viel mehr als Kugeln, Vierecken und Dreiecken kann jeder ein Tier mit menschlichen Zügen modellieren. Die Detailarbeiten werden erst anschließend vorgenommen.

TORTEN-DESIGN

Sie können die Giraffe auf einer fertigen Torte mit ca. 20 cm Durchmesser und 10 cm Höhe platzieren. Ich habe die Torte mit einer grünen Fondantdecke überzogen, die Giraffe unter die Palme gesetzt und einige Kokosnüsse darum herum verteilt. Sie könnten die Trinkhalme auch in eine Plastikröhre stecken und dann mit Fondant verkleiden. Dadurch wird verhindert, dass Drähte und Klebeband in Berührung mit essbaren Zutaten kommen. Eine Mini-Giraffe könnte aber auch eine witzige Dekoration für einen Cupcake sein.

Zachery

DAS ZEBRA

Die Größe der Figur können Sie selbst bestimmen. Vorlagen für die hier gezeigte Größe finden Sie auf Seite 181. Für das Zebra benötigen Sie Fondantmasse in Weiß, Grau, Schwarz und Rosa. Für das Zubehör wird Fondantmasse in Rot, Gelb, Mauve, Grün und Blau verwendet.

SIE BRAUCHEN:
- Modellierwerkzeug (siehe Seite 12–13)
- Fondant in Weiß, Grau, Schwarz, Rosa, Rot, Gelb, Mauve, Grün, Blau
- Herz-Ausstechform mit Auswurf
- Hellbrauner Zucker (Muscovado)
- Dekorgel
- Lebensmittelfarbe (Paste) in Eisblau
- Teelöffel

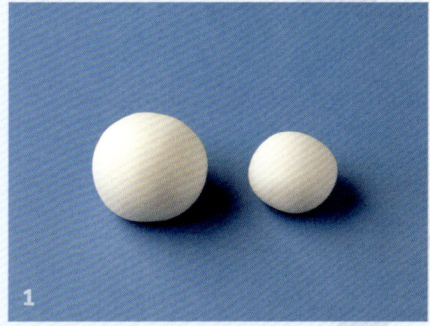

1 2 Kugeln aus weißem Fondant – eine große und eine kleine – für den Rumpf und
den Kopf rollen.

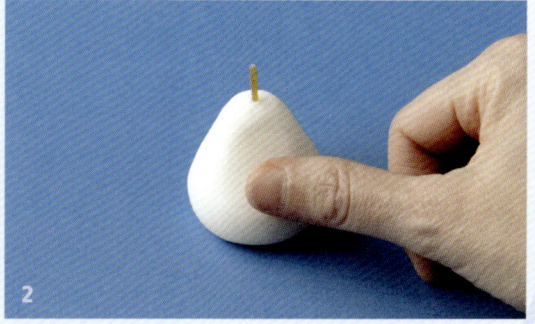

2 Die größere Kugel in Kegelform rollen. Vorn mit
dem Daumen eine Mulde eindrücken. Ein Stück
Spaghetti in den Rumpf stecken und oben etwas
herausschauen lassen.

3 Die kleinere Kugel in der Hand rollen,
bis ein Ende etwas schmaler ist als das
andere.

4 Die kleine Kugel auf den
Rumpf setzen, aber noch
nicht festkleben.

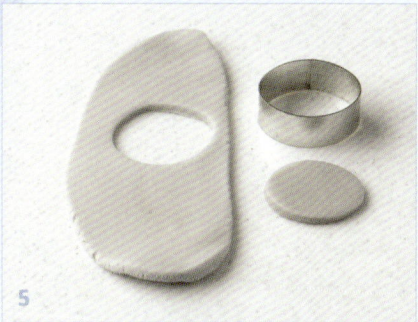

5 Ein Stück grauen Fondant 3 mm dick ausrollen. Ein Oval ausstechen, das etwa so
groß wie das breitere Ende des Kopfes ist.

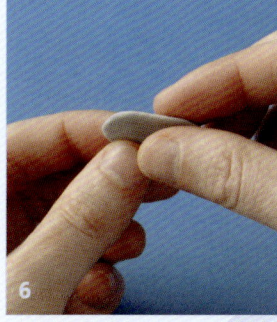

6 Das Oval zwischen den
Fingerspitzen etwas flacher
und breiter drücken.

7 Das Oval vorne auf den Kopf
setzen, die Ränder sorgfältig
andrücken und glätten.

8 Mit einem kleinen Kugel-
Modellierwerkzeug
2 Nasenlöcher eindrücken.

9 Mit dem breiten Ende einer kleinen Spritztülle einen Mund eindrücken. Je stärker
Sie drücken, desto breiter das Lächeln.

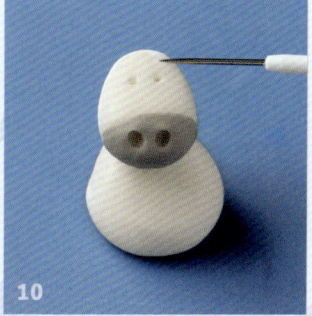

10 Mit einem Zahnstocher oder
einer Modelliernadel 2 Rillen
für die Ohren und 2 Löcher für
die Augen eindrücken.

11 2 Kugeln aus schwarzem Fondant für die Augen rollen und
festkleben. 2 Kugeln aus weißem
Fondant als Pupillen aufkleben.

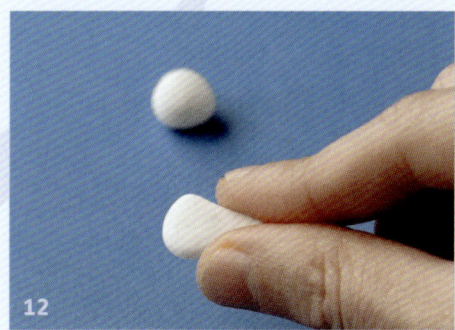

12 2 gleich große Kugeln aus weißem Fondant
für die Ohren rollen und jeweils an einem
Ende zusammendrücken.

13 Von jedem Stück das
runde Ende abschneiden.
2 Dreiecke mit runden
Rändern bleiben übrig.

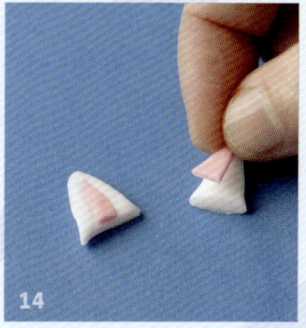

14 2 kleine Dreiecke aus rosa
Fondant ausschneiden und
auf die größeren weißen
Dreiecke kleben.

15 Die Ohren in die Rillen kleben,
die in Schritt 10 vorbereitet
wurden.

16

Ein Stück schwarzen Fondant sehr dünn ausrollen und mit einem Skalpell längliche Dreiecke ausschneiden. Sie müssen nicht unbedingt gleichmäßig sein.

17

Die Dreiecke quer wie zackige Streifen auf Rumpf und Kopf kleben.

18

Einige kleine Kugeln aus schwarzem Fondant rollen und zu länglichen, dünnen Kegeln formen.

19

Die runden Enden der Kegel abschneiden, dann die Kegel zwischen die Ohren kleben.

20

Jetzt sollte Ihr Zebra etwa so aussehen.

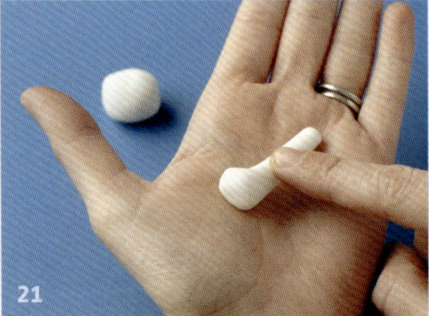

21

Für die Beine 2 Kugeln aus weißem Fondant von ca. 1,5 cm Durchmesser rollen. Die Kugel an einem Ende dünner ausrollen. Das andere Ende bleibt rund.

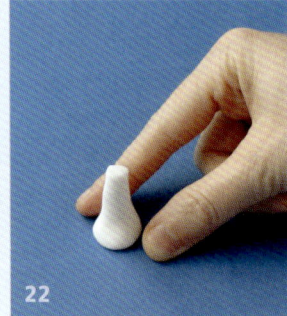

22

Das runde Ende auf die Arbeitsfläche klopfen, um es abzuflachen. So entsteht der Fuß.

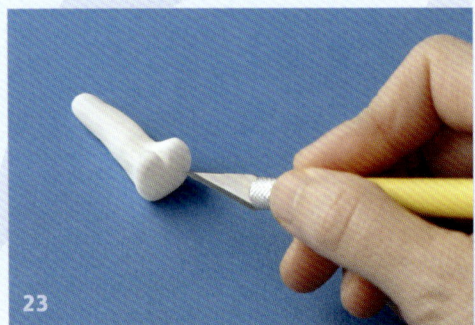

23

Mit dem Skalpell eine Rille in den Fuß ritzen.

24

Die Beine, wie zuvor den Rumpf, mit Dreiecken aus schwarzem Fondant verzieren.

25

Etwas schwarzen Fondant ausrollen und 2 kleine Herzen ausstechen. Die Herzen unter die Füße kleben.

26

Die Enden der Beine unter den Rumpf schieben und fest-kleben.

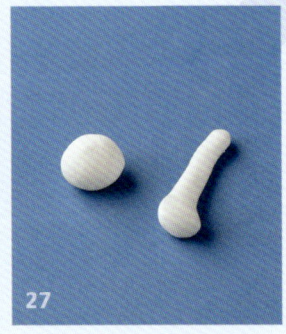

27

Für die Arme 2 Kugeln aus weißem Fondant (ca. 1 cm Durchmesser) an einem Ende dünner rollen.

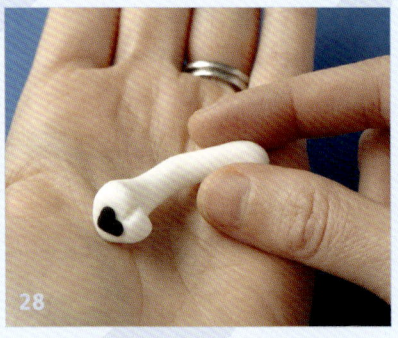

28

Schritt 22–23 für die Arme wiederho-len, dann wie in Schritt 25 kleine Her-zen ausstechen und daran befestigen.

29

Streifen aus schwarzem Fondant an den Armen anbringen und das obere Ende mit schwarzem Fon-dant umhüllen. Trocknen lassen.

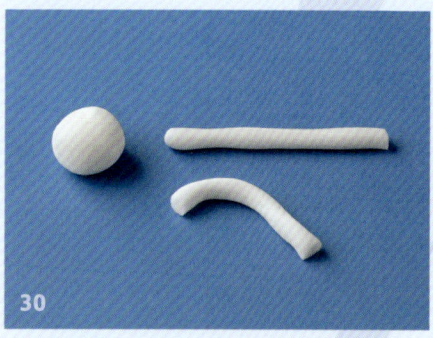

30

Während die Arme trocknen, aus einer weißen Fondantkugel den Schwanz formen. Beide Enden abschneiden.

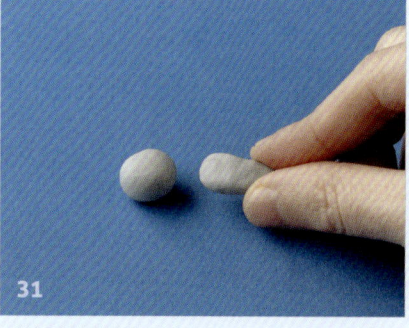

31

Eine kleine Kugel aus grauem Fondant rollen und zu einem Kegel formen.

32

Streifen aus schwarzem Fondant auf den Schwanz kleben. Das flache Ende des grauen Kegels ans Schwanzende kleben, dann mit dem Modellierrad Rillen hineindrücken.

33

Die Arme am Rumpf oben seitlich und den Schwanz hinten unten anbringen. Zuletzt den Kopf festkleben. Probieren Sie ruhig verschiedene Positionen und Haltungen aus, bevor Sie die einzelnen Teile endgültig festkleben.

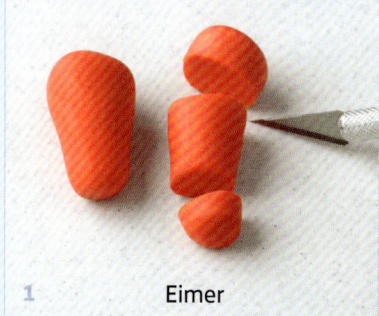

1 Eimer

Aus rotem Fondant einen Kegel rollen. Das obere und untere Ende abschneiden.

2

Mit einem großen Kugel-Modellierwerkzeug die Oberfläche eindrücken, dabei von außen mit dem Finger gegenhalten.

3

Einen schmalen Streifen roten Fondant um den Rand des Eimers legen.

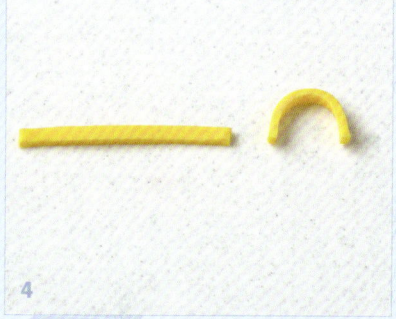

4

Für den Henkel einen schmalen Streifen gelben Fondant zum Halbkreis biegen und eine Stunde trocknen lassen.

5

Hellbraunen Zucker als Sand in den Eimer füllen, dann den Henkel festkleben.

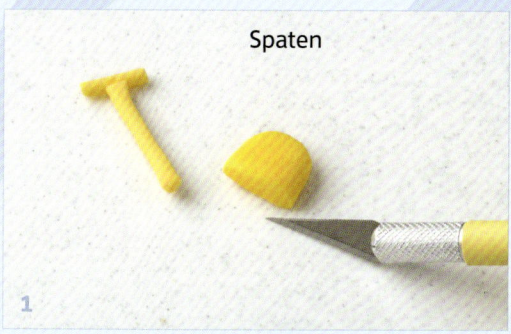

Spaten

1

2 Würste aus gelbem Fondant rollen – eine lange und eine kurze Wurst – und T-förmig zusammenkleben. Ein Oval von ca. 4 mm Dicke aus gelbem Fondant ausrollen und ein Ende abschneiden.

2

Würste und halbes Oval zusammenkleben, dann das Blatt des Spatens mit einem Kugel-Modellierwerkzeug formen.

Seestern

1 Etwas Fondant in Mauve ca. 5 mm dick ausrollen. Freihändig mit dem Skalpell einen fünfzackigen Stern ausschneiden.

2 Die Zacken und Kanten zwischen Daumen und Zeigefinger abrunden.

3 Mit einem kleinen Kugel-Modellierwerkzeug eine Struktur in die Oberfläche des Sterns drücken.

4 Den Mund mit einer Spritztülle eindrücken. 2 Kugeln aus weißem und 2 aus schwarzem Fondant aufkleben.

Krokodil im Wasser

1 Eine grüne Fondantkugel in 2 unterschiedlich große Stücke teilen. Beide Stücke so formen, dass sie einen flachen Boden und eine runde Oberseite haben. In das größere Stück mit dem Kugel-Werkzeug Mulden drücken.

2 2 Kugeln aus weißem Fondant als Augen und 2 kleine Kugeln aus schwarzem Fondant als Pupillen in die Mulden kleben. Der Blick soll auf das Zebra gerichtet sein.

3 2 kleine Kugeln aus grünem Fondant oben auf die übrige Halbkugel setzen und mit einem kleinen Kugel-Modellierwerkzeug etwas eindrücken.

4 Einen Rücken (und nach Belieben einen Schwanz) aus grünem Fondant mit deutlichem Grat in der oberen Mitte formen. Die Unterseite muss flach sein.

5 Entlang der Mitte des Rückens mit dem Modellierrad eine Rille eindrücken und kleine Dreiecke aus dunkelgrünem Fondant einsetzen. Beim Schwanz können Sie ebenso verfahren.

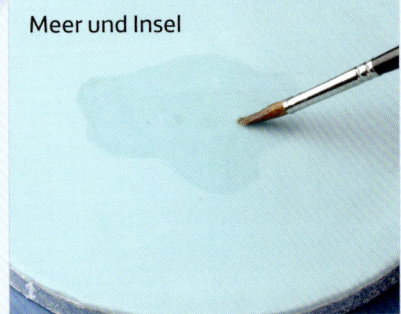

Meer und Insel

1 Die Torte oder eine Platte mit hellblauem Fondant überziehen. Für die Insel eine Fläche mit essbarem Kleber bestreichen.

2 Braunen Zucker aufstreuen und vorsichtig festklopfen, dann lose Zuckerkristalle vorsichtig mit einem weichen Pinsel abfegen.

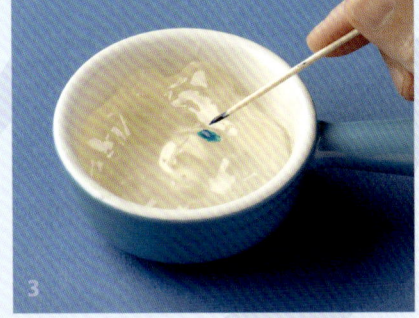

3 Etwas Dekorgel in eine Schüssel geben und mit einem Teelöffel etwas Lebensmittelfarbpaste in Eisblau unterrühren.

4 Das hellblaue Gel rings um die Insel auf dem blauen Fondant verteilen.

EXTRATIPP
Dekorgel eignet sich sehr gut zur
Gestaltung von Wasser. Wenn
es zu steif ist, erhitzen Sie es
ein- oder mehrmals 5 Sekunden
lang in der Mikrowelle, bis die
Konsistenz stimmt.

TORTEN-DESIGN
Das Zebra kann auf Torten
jeder Größe sitzen. Sie
können das Dekorgel auf die
gesamte Oberfläche auftragen oder ringsherum einen
kleinen Rand frei lassen.

Maloo

DER AFFE

SIE BRAUCHEN:
- Modellierwerkzeug (*siehe Seite 12–13*)
- Fondant in Braun, Beige, Weiß, Schwarz, Rosa, Gelb und Grau
- Kleine Herz-Ausstechform
- Lebensmittelfarbe (Pulver) in Grün, Braun, Schwarz und Weiß
- Lebensmittelstift in Schwarz
- Prägematte mit Gewebemuster
- Prägematte mit Rindenmuster

Die Größe der Figur können Sie selbst bestimmen. Vorlagen für die hier gezeigte Größe finden Sie auf Seite 181. Für die Figur benötigen Sie Fondant in Braun, Beige, Weiß, Schwarz und Rosa. Außerdem wird Fondant in Gelb, Weiß, Beige, Grau und Braun für das Zubehör verwendet.

Eine Kugel aus braunem Fondant für den Rumpf und eine kleine für den Oberkopf rollen. Für den unteren Kopf brauchen Sie eine Kugel in Beige.

Die größte Kugel zum Kegel formen. Für den Bauch die Mitte mit dem Daumen eindrücken. Ein Stück Spaghetti senkrecht hineinstecken.

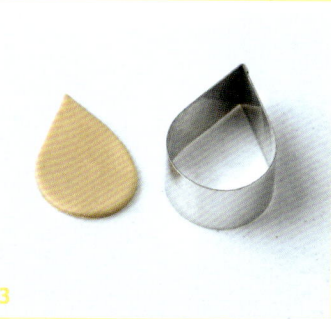

Etwas Fondant in Beige ausrollen und einen Tropfen ausstechen, der auf den vorderen Rumpf passt.

EXTRATIPP

Um den hier gezeigten Affen exakt nachzubauen, können Sie die Vorlagen auf Seite 181 verwenden. Wenn Sie die Kugeln jedoch nach Augenmaß formen, bekommen Sie schneller ein gutes Gefühl für die Proportionen. Dann gelingen Ihnen die richtigen Kugelgrößen bei weiteren Projekten auf Anhieb und ohne zu messen.

Die Tropfenform auf den Bauch kleben. Mit einer Modelliernadel den Bauchnabel andeuten.

Die mittelgroße Kugel mit der Seite des Daumens oben etwas eindrücken und abflachen.

Die kleine braune Kugel obenauf setzen. Sie können zum Befestigen Klebstoff verwenden, es geht aber auch ohne.

Mit einem spitzen Colour Shaper die Übergänge zwischen den beiden Kugeln glätten.

Etwas beigen Fondant ausrollen und ein Herz ausstechen. Die untere Spitze abschneiden. Sie wird nicht benötigt.

Den oberen Teil des Herzens auf die Vorderseite des Kopfes kleben.

Den Übergang an der geraden Kante des Herzens wieder mit dem spitzen Colour Shaper glätten.

Mit dem breiten Ende einer kleinen Spritztülle einen Mund in den Kopf drücken.

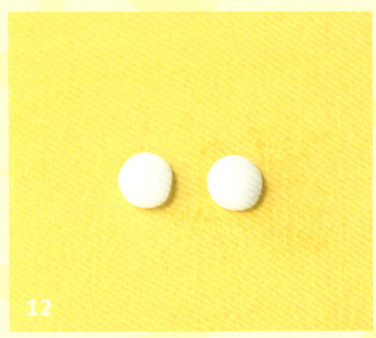

Für die Augen 2 gleich große Kugeln aus weißem Fondant rollen und flach drücken.

Die Augen auf das Gesicht kleben. Mit einem kleinen Kugel-Modellierwerkzeug Vertiefungen für die Pupillen eindrücken. 2 kleine Kugeln aus schwarzem und eine aus rosa Fondant rollen.

Die schwarzen Kugeln in die Vertiefungen der Augen kleben. Die rosa Kugel wird als Nase zwischen die Augen geklebt.

Etwas braunen Fondant ausrollen und 2 kleine Tropfen ausstechen. 2 kleine Kugeln aus beigem Fondant rollen, flach drücken und auf die breiten Enden der Tropfen kleben.

Die Spitze eines Tropfens zwischen Daumen und Zeigefinger zusammendrücken, dann den Rand am breiten Ende abrunden.

Das spitze Ende des Ohrs abschneiden. Für das zweite Ohr Schritt 16–17 mit dem zweiten Tropfen wiederholen.

Mit dem spitzen Colour Shaper in jede Seite des Kopfes ein Loch drücken.

Die Ohren in die vorbereiteten Löcher kleben.

Die Affenohren sollen nicht herunterhängen, sondern seitlich vom Kopf abstehen.

Den Kopf auf den Rumpf setzen und fest auf das Spaghettistück drücken. Sie können den Kopf jetzt oder später festkleben.

Für die Beine 2 Kugeln aus braunem Fondant rollen und zu länglichen Kegeln mit einem verdickten Ende formen.

Ein Bein in der Mitte abknicken (das wird das Knie). Das dünnere Ende des Beins flach drücken. Es wird später unter den Rumpf geschoben.

24

Für den Fuß das verdickte Ende des Beins flach drücken.

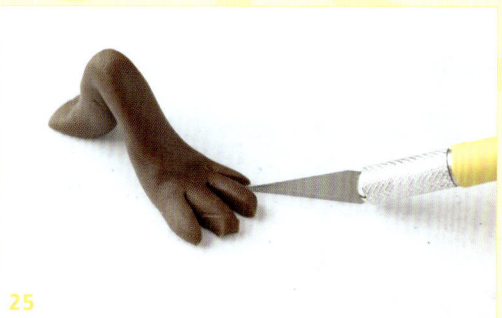

25

Mit einem Skalpell einen großen und 3 kleine Zehen ausschneiden. Die Affenfüße sollen eher wie Hände aussehen.

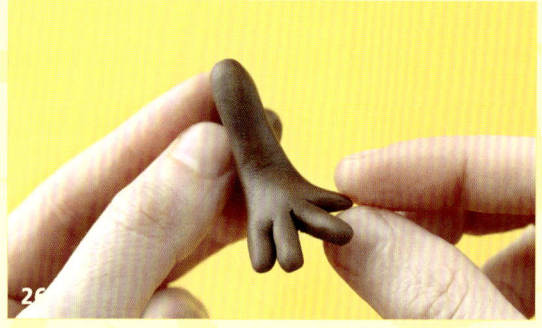

26

Kanten und Spitzen der Zehen mit Daumen und Zeigefinger abrunden. Für das zweite Bein Schritt 23–26 wiederholen, aber den Fuß spiegelverkehrt formen.

27

Die abgeflachten dünnen Enden der Beine unter den Rumpf schieben und festkleben.

28

Für die Arme 2 Kugeln aus braunem Fondant zu langen Kegeln formen (länger und dünner als die Beine).

29

Für den Ellenbogen einen Arm in der Mitte abwinkeln.

30

Für die Hand und den Unterarm das breitere Ende des Arms flach drücken und leicht abwinkeln.

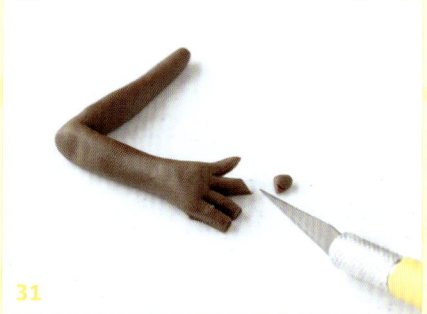

31

Mit dem Skalpell 3 Finger und einen Daumen zuschneiden, die Enden abschneiden. Die Finger sollen nicht zu lang sein.

32

Die Kanten und Spitzen der Finger behutsam abrunden.

33

Finger und Daumen vorsichtig zusammendrücken. Für den zweiten Arm Schritt 29–33 wiederholen.

34

Die Arme an die Schultern kleben. Die Fondantmasse sollte noch so weich sein, dass Sie die Arme danach in die gewünschte Stellung biegen können.

35

Für den Schwanz aus einer braunen Fondantkugel eine Wurst rollen. Ein Ende sollte abgerundet sein. Den Schwanz leicht krümmen.

Das dünnere Ende des Schwanzes unter das Hinterteil schieben und festkleben. Prüfen Sie noch einmal, ob alle Gliedmaßen sorgfältig festgeklebt sind.

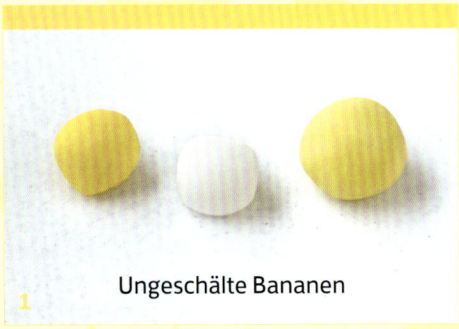

Ungeschälte Bananen

1 Etwas gelben und weißen Fondant mischen und zu einer hellgelben Kugel rollen.

2 Die hellgelbe Kugel zur Banane formen. Die Enden laufen spitz zu, sind aber etwas abgerundet.

3 Das Stielende der Banane zwischen den Fingern zusammendrücken, dann mit dem Skalpell gerade abschneiden.

4 Auf beide Enden der Banane etwas grünes Farbpulver stäuben.

5 Auf den mittleren Bereich der Banane etwas braunes Farbpulver tupfen.

6 Striche und einen Punkt an der Spitze der Banane mit einem schwarzen Lebensmittelstift aufmalen.

Geschälte Bananen

1

Für die Bananenschale aus der hellgelben Fondantmischung einen schlanken Kegel rollen und das breitere Ende abschneiden.

2

Das stumpfe Ende bis etwa zur Hälfte des Kegels kreuzweise einschneiden. Die Viertel vorsichtig auseinanderbiegen.

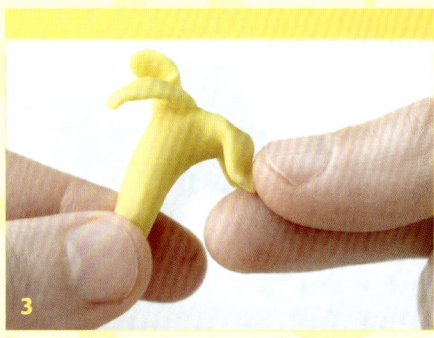

3

Die 4 Enden behutsam mit den Fingern flach drücken.

4

Mit Farbpulver in Grün und Braun Details auf der Bananenschale ausarbeiten.

5

Etwas weißen Fondant unter die hellgelbe Mischung kneten, um sie aufzuhellen. Einen Kegel formen und diesen in die Bananenschale kleben.

6

Mit dem schwarzen Lebensmittelstift noch einige Linien und das dunkle Ende aufmalen – dann sind die Bananen fertig.

Sack

1

Eine Kugel aus beigem Fondant rollen. Das obere Ende eindrücken, dann mit Daumen und Zeigefinger ringsherum den Rand hochziehen und etwas erweitern.

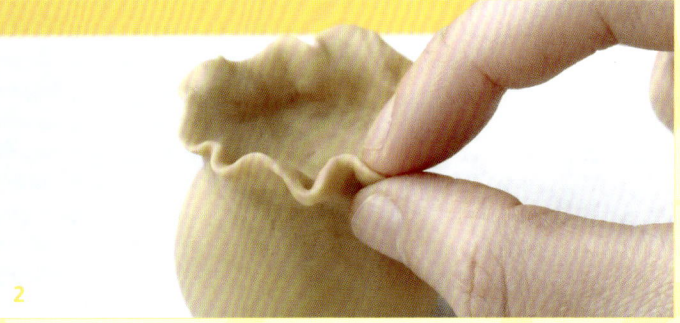

2

Den Rand zwischen Daumen und Zeigefinger zusammendrücken, bis er wellig wird. Vorsicht, dabei nicht den Fondant einreißen!

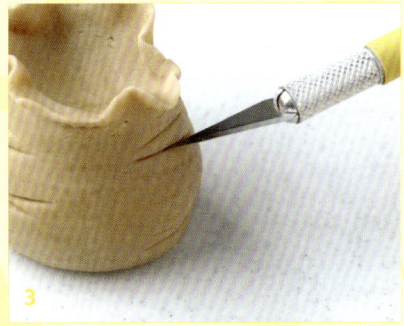

3

Mit dem Skalpellrücken Falten in die Seiten des Sacks drücken.

4

Mit einer Prägematte oder grob gewebtem Stoff die Oberfläche des Sacks strukturieren.

5

Braunes Farbpulver in die Falten des Sacks tupfen.

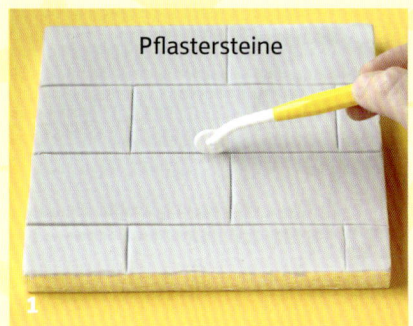

Pflastersteine

Eine rechteckige Platte mit grauem Fondant bedecken. Mit einem Modellierrad das Muster der Steine einritzen (bei Bedarf mithilfe eines Lineals).

Schwarzes Farbpulver mit Isopropylalkohol, Zitronenextrakt oder Wodka anrühren und die Fugen der Mauer mit einem Pinsel nachmalen.

Farbpulver in Grau, Schwarz und Weiß auf die Steine stäuben, um sie zu schattieren. Dabei dunkleres Farbpulver in der Nähe der Fugen, helleres in der Mitte der Pflastersteine verwenden.

EXTRATIPP
Gummi-Traganth, CMC oder Tylose beschleunigen die Trocknung von Fondant. Das ist bei kleinen Details von Vorteil. Sie benötigen für 250 g Fondant nur einen Teelöffel des gewählten Mittels.

Holz für die Kiste

Braunen Fondant ausrollen und die Prägematte mit Rindenmuster auflegen.

Gleichmäßig andrücken, um das Muster auf die Fondantmasse zu übertragen.

Aus dem vorbereiteten Fondant ca. 20 Streifen zuschneiden und kleine Kugeln aus braunem Fondant an die Enden setzen. Diese Bretter werden an der vorbereiteten Torte befestigt *(siehe Torten-Design, rechts)*.

TORTEN-DESIGN
Den Unterbau für die Holzkiste bildet eine quadratische Torte (15 x 15 cm, 10 cm hoch) aus drei Teigböden mit Cremefüllung. Die Torte mit einer Fondantdecke in Beige überziehen und 24 Stunden trocknen lassen. Dann ringsherum die Holzbretter ankleben und oben 5 mm über den Rand hinausstehen lassen. Einige Stunden trocknen lassen, dann auf die Grundplatte mit dem Pflasterstein-Dekor setzen. Auch die Platte muss zuvor mindestens 24 Stunden trocknen, damit sie fest wird. Der Affe und die Bananen werden erst zum Schluss auf das Kunstwerk gesetzt.

ARIEL

DER LÖWE

SIE BRAUCHEN:
- Modellierwerkzeug (*siehe Seite 12–13*)
- Fondant in Beige, Braun, Rosa, Weiß und Schwarz
- Lebensmittelfarbe (Pulver) in Hellrosa und Hellbraun
- Blütenpaste in Grüntönen
- Blatt-Prägewerkzeug
- Lebensmittelfarbe (Paste) in Grüntönen

Die Größe der Figur können Sie selbst bestimmen. Vorlagen für die hier gezeigte Größe finden Sie auf Seite 181. Für den Löwen brauchen Sie Fondant in Beige, Braun, Rosa, Weiß und Schwarz. Das Zubehör wird aus Blütenpaste in verschiedenen Grüntönen modelliert.

1

Aus beiger Fondantmasse 2 Kugeln für Rumpf und Kopf rollen.

2

Die größere Kugel zu einem Kegel formen.

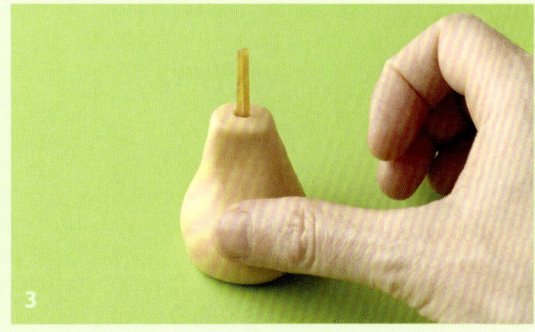

3

Ein Stück Spaghetti senkrecht in den Kegel stecken und oben etwas herausstehen lassen. Für den Bauch die Mitte des Kegels mit dem Daumen etwas eindrücken.

4

Mit einer Modelliernadel oder einem Zahnstocher den Bauchnabel andeuten.

5

Für den Kopf die kleinere Kugel zu einem Kegel formen.

6

Den Kopf auf den Rumpf setzen, aber noch nicht festkleben. Das Spaghettistück stabilisiert vorerst den Kopf. Mit dem Daumen die Augenpartie flach drücken.

7

Für die Beine aus beigem Fondant 2 Kugeln rollen. Jeweils die Hälfte zum länglichen Kegel formen, das andere Ende bleibt verdickt.

8

Für den Fuß das verdickte Ende eines Beins zwischen Daumen und Zeigefinger flach drücken.

9

Mit dem Skalpell 2 Rillen in den Fuß ritzen. Jetzt ist die Pfote schon besser zu erkennen.

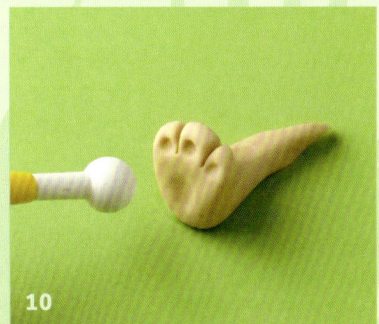

10

Mit dem Kugel-Modellierwerkzeug in die Unterseite jedes Zehs eine kleine Vertiefung drücken, eine größere in die Fußsohle.

11

Aus braunem Fondant eine größere und 3 kleine Kugeln rollen und in die Vertiefungen des Fußes drücken. Die Übergänge mit einem flachen Colour Shaper glätten.

12

Für das zweite Bein Schritt 8–11 wiederholen. Die Beine seitlich hinten am unteren Rumpf festkleben.

13 Aus beigem Fondant 2 Kugeln für die Arme rollen und zu langen Kegeln formen. Ein Ende bleibt jeweils rundlich verdickt.

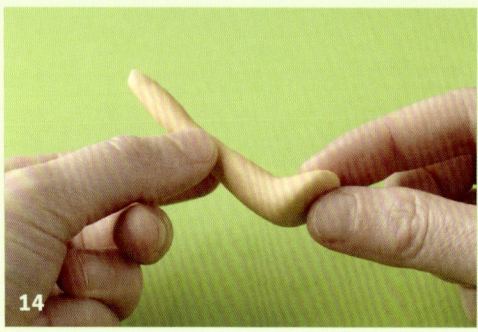

14 Für die Vorderpfote an einem Arm die Verdickung flacher drücken und nach oben biegen.

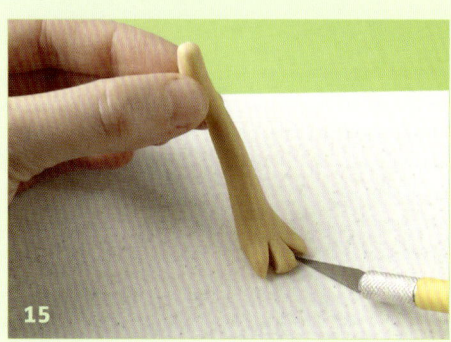

15 Mit einem Skalpell 2 Rillen in die Vorderpfote ritzen. Für den zweiten Arm Schritt 14–15 wiederholen.

16 Die Arme an die Schultern kleben.

17 Den Kopf vom Rumpf nehmen. Mit einer Modelliernadel 2 Löcher für die Ohren einstechen.

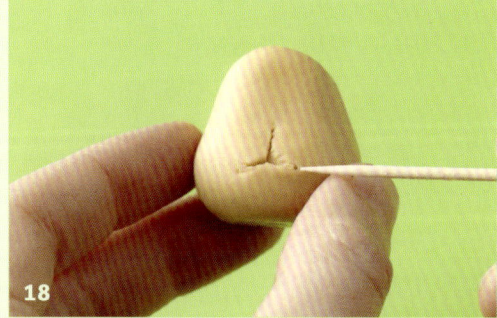

18 Mit einem Zahnstocher die Linien für das Maul einritzen.

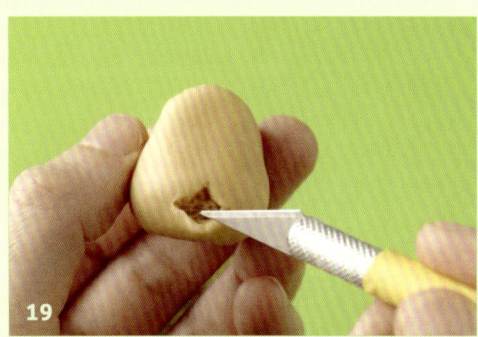

19 Das Maul mit dem Skalpell aufschneiden und vorsichtig etwas aushöhlen.

20 Mit einem spitzen Colour Shaper die Höhlung und ihre Ränder glätten, dabei von außen mit dem Daumen gegenhalten.

21 Für die Ohren 2 Kugeln aus beigem Fondant rollen und mit einem kleinen Kugel-Modellierwerkzeug eindrücken.

22 2 kleine Kugeln aus rosa Fondant rollen und mit essbarem Kleber in den Vertiefungen der Ohren befestigen.

23 Jetzt die Ohren in die Vertiefungen am Kopf kleben, die in Schritt 17 vorbereitet wurden.

24 Für das Fell um das Maul etwas beigen Fondant ausrollen und 2 kleine Tropfen ausstechen. Die Spitzen abschneiden.

25

Falls die Teile zu groß sind, die Ränder nochmals mit dem Ausstecher abtrennen.

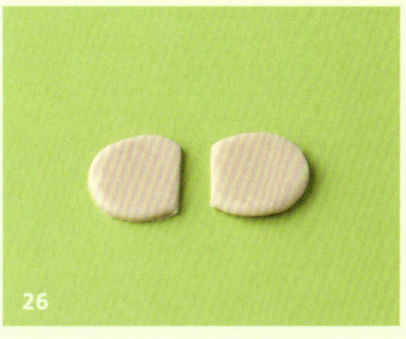

26

Sie benötigen 2 spiegelbildliche Formen mit einer geraden Kante. Den Kopf wieder auf den Rumpf setzen.

27

Die beiden halbrunden Formen über dem Maul aufkleben. Sie sollen die Oberlippe bedecken. Einige kleine Löcher einstechen, um die Barthaare anzudeuten.

28

Für die Nase eine kleine Kugel aus braunem Fondant zwischen Daumen und Zeigefinger zu einem Dreieck mit abgerundeten Spitzen formen.

29

Die Nase aufkleben. Ihre Spitze zeigt nach unten und sitzt mittig über der Oberlippe.

30

2 gleich große Kugeln aus weißem Fondant rollen und flach drücken. Als Augen aufkleben. Ovale Augen sehen besser aus als runde.

31

2 dünne Augenbrauen aus beigem Fondant rollen und über den Augen festkleben. Mit einem Kugel-Modellierwerkzeug in jedes Auge eine Vertiefung für die Pupille drücken.

32

2 kleine Kugeln aus schwarzem Fondant rollen und in die Vertiefungen kleben. Danach den Kopf auf dem Rumpf festkleben.

33

Für die Mähne 3 Streifen aus braunem Fondant zuschneiden und festkleben. Das ist einfacher, als einen durchgehenden Streifen zu befestigen.

34

Die Mähne mit einer Schere ringsherum einschneiden. Jetzt sollten die Ansatzlinien der 3 Teile nicht mehr zu sehen sein.

35

Soll die Mähne fülliger werden, bringen Sie hinter der ersten Haarschicht einfach eine zweite an.

36 Für den Schwanz aus einer beigen Fondant-kugel eine Wurst formen und ein Ende gerade abschneiden.

37 Eine kleine Kugel aus braunem Fondant zum Kegel formen und an einem Schwanzende befestigen. Mit einem Modellierrad Rillen eindrücken.

38 Das Schwanzende unter das Hinterteil des Löwen schieben und festkleben.

39 Etwas hellrosa Farbpulver auf die Wangen des Löwen sträuben. Schatten unter den Armen und dunklere Falten am Rumpf mit dunkelbraunem Farbpulver abdunkeln.

1 Blätter

Etwas grüne Blütenpaste auf einer nicht haftenden Unterlage ausrollen. Ein Blatt freihändig ausschneiden.

2 Mit einem Prägewerkzeug oder einer Modelliernadel Blattadern andeuten. Das Blatt in sich drehen und 2 Stunden (besser 24 Stunden) trocknen lassen. Weitere Blätter in Grüntönen modellieren.

Gras

1 In einer Palette Farbpasten in verschiedenen Grüntönen mit etwas Wasser vermischen, bis die Konsistenz an Aquarellfarben erinnert. Den trockenen Fondant der Torte damit bemalen *(siehe Extratipp, rechts)*.

EXTRATIPP
Lebensmittelfarben, mit Wasser verdünnt, eignen sich gut zum Bemalen von Fondant. Kneten Sie aber kein Pflanzenfett unter, um das Ausrollen der Fondantdecke zu erleichtern, sonst haften die Farben nicht.

Feenvolk & Co.

Matilda

DIE SCHREIBFEE

SIE BRAUCHEN:
- Modellierwerkzeug *(siehe Seite 12–13)*
- Fondant in Weiß, Hautfarbe, Violett, Schwarz und Braun
- Blüten-Ausstechform und -Prägewerkzeug
- Blütenpaste in Weiß und Violett
- Große Schmetterlings-Ausstechform
- Glanz-Lebensmittelfarbe (Pulver) in Schneeweiß
- Lebensmittelfarbe (Pulver) in Rosa, Violett
- Model für Mini-Dekorationen
- Metallic-Lebensmittelfarbe (Pulver) in Flieder
- Schmetterlings-Ausstechform mit Auswerfer
- Papier
- Eiweißspritzglasur
- Endlosrüschen-Ausstechform

Die Größe der Figur können Sie selbst bestimmen. Vorlagen für die hier gezeigte Größe finden Sie auf Seite 183. Für die Figur benötigen Sie Fondant in Weiß, Hautfarbe, Violett, Schwarz und Braun. Für das Zubehör wird außerdem Fondantmasse in Braun und Blütenpaste in Weiß und Violett verwendet.

1 Für den Rumpf eine Kugel aus weißem Fondant rollen.

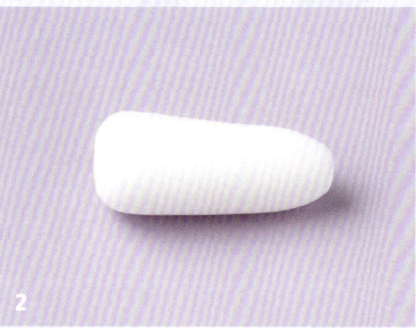

2 Zu einem Kegel von ca. 4 cm Länge formen. Den Kegel seitlich ablegen.

3 Das schmale Ende des Kegels leicht nach oben biegen.

4 Ein Stück Spaghetti in das hochgebogene Ende stecken und etwas überstehen lassen.

5 Für die Beine 2 Kugeln aus hautfarbenem Fondant rollen und jede zu einem länglichen Kegel mit einem verdickten Ende formen.

EXTRATIPP
Rumpf und Kopf der Fee dürfen nicht zu groß modelliert werden, weil ihr Volumen durch Kleidung und Haare noch erheblich zunimmt.

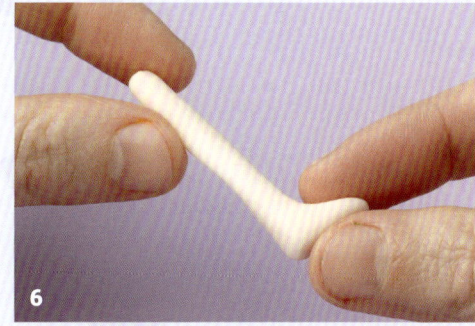

6 Das verdickte Ende eines Beins zu einem Fuß mit Ferse und flacher Sohle formen. Die Fußspitze etwas in die Länge ziehen.

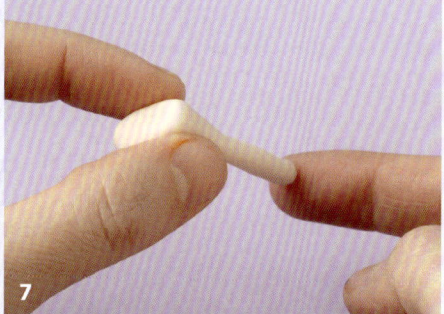

7 Das Bein umdrehen. Die Ferse etwas zusammendrücken. Sie soll schmaler sein als der Vorderfuß.

8 Für den anderen Fuß Schritt 6–7 wiederholen. Die Beine »bäuchlings« ablegen, die Fußspitzen leicht nach innen gedreht.

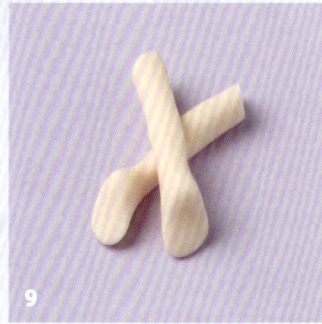

9 Die Beine kreuzen. Nochmals prüfen, ob die Füße richtig liegen.

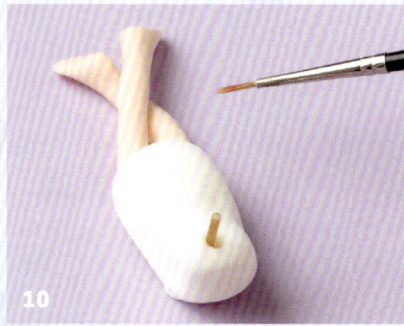

10 Die Beine mit essbarem Klebstoff am unteren Ende des Rumpfes befestigen.

11 Für das Kleid etwas violetten Fondant ausrollen und mehrere Blütenformen ausstechen.

12

Ein Blüten-Prägewerkzeug mit Pflanzenfett bestreichen, damit der Fondant nicht festklebt.

13

Eine ausgestochene Blüte einlegen, dann die Seiten des Prägewerkzeugs zusammendrücken.

14

Das Prägewerkzeug öffnen und die Blüte mit einem weichen Haarpinsel herausheben.

15

Die Blütenblätter auseinander schneiden, dann die zur Mitte gerichteten Spitzen aller Blätter abschneiden.

16

Die Blätter leicht überlappend als Rock auf den Rumpf kleben.

17

Weitere Blätter anfügen, bis die Taille erreicht ist. Den Abschluss der letzten Reihe mit einem schmalen Streifen aus violettem Fondant abdecken.

EXTRATIPP
Bei Figuren wie Feen werden oft Hilfsmittel benötigt, um Arme und Beine in Position zu halten. Bei dieser Figur bleibt der Rumpf von selbst aufrecht, die Arme haben keine tragende Funktion. Achten Sie darauf, den zarten Gliedmaßen nicht zu viel Gewicht zuzumuten.

18

Von der Seite sollte Ihre Fee jetzt ungefähr so aussehen.

19

Für die Arme 2 Kugeln aus hautfarbenem Fondant rollen und zu Kegeln formen. Die dickeren Enden flach drücken.

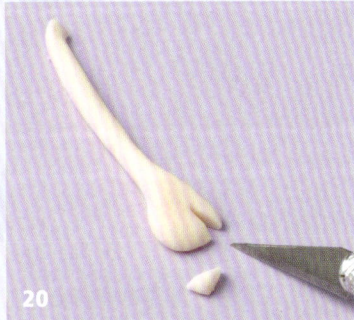

20

Für den Daumen aus dem abgeflachten Ende eines Arms einen Keil herausschneiden. Die Schnittkanten mit den Fingern glätten.

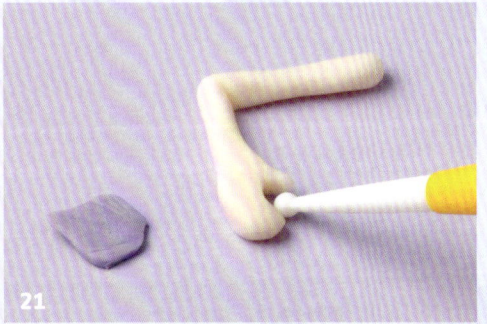

21

Ein kleines Kugel-Modellierwerkzeug zwischen Hand und Daumen der Fee drücken, um Platz für den Stift zu schaffen. 2 Blütenblätter aus violettem Fondant für die Ärmel ausstechen.

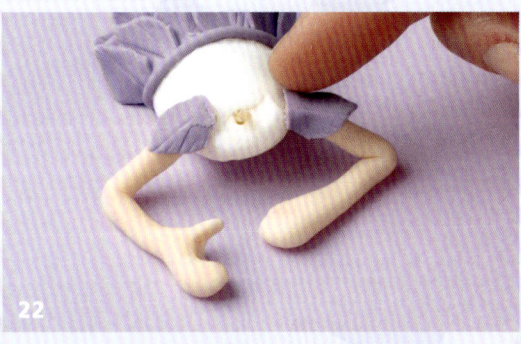

22

Die zweite Hand braucht keinen Daumen. Die Arme an den Schultern festkleben und die Ansatzstellen mit den Blütenblättern verdecken.

23 Eine Wurst aus weißem Fondant rollen und wie auf dem Bild quer über den Rücken der Fee legen.

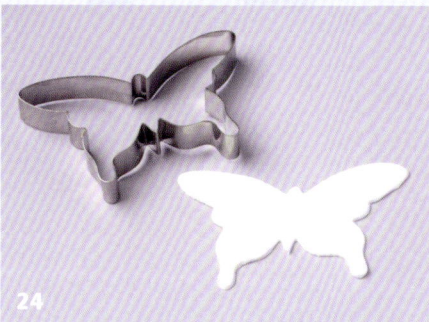

24 Weiße Blütenpaste auf einer antihaftbeschichteten Unterlage ausrollen und einen großen Schmetterling ausstechen.

25 Die Flügel vom Rumpf des Schmetterlings abtrennen, dann den oberen und unteren Teil jedes Flügels wie auf dem Bild abschneiden.

26 Mit verschiedenen Spritztüllen Löcher aus den Flügeln ausstechen.

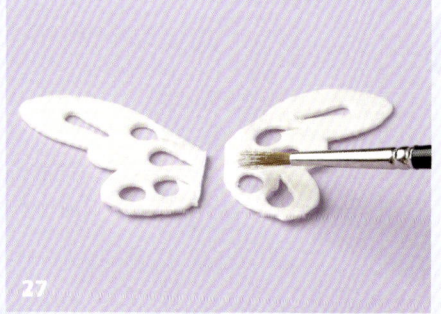

27 Die Flügel mit weißem Glanzpulver bestäuben.

28 Die Flügel in den Wulst aus weißem Fondant auf dem Rücken der Fee drücken. Sie müssen nicht unbedingt mit Klebstoff befestigt werden.

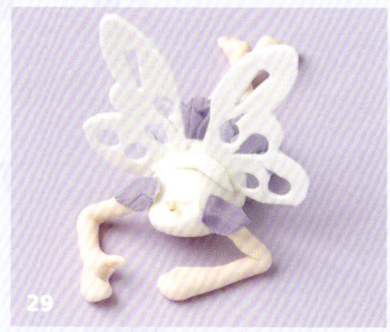

29 Jetzt sollte Ihre kleine Fee etwa so aussehen.

EXTRATIPP
Den Kopf einer Fee erst zum Schluss festkleben. Er muss beim »Anziehen« der Figur noch einige Male abgenommen werden.

30 Für den Kopf eine Kugel aus hautfarbenem Fondant rollen und zu einem Ei formen.

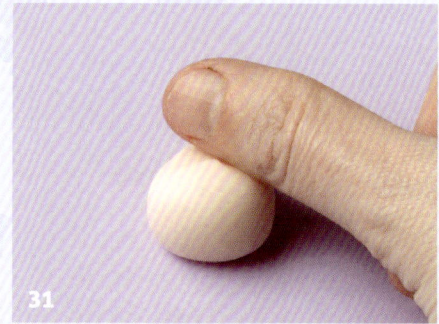

31 Für die Jochbeinbögen die Kugel mit dem rechten Daumen etwa zwischen 10 Uhr und 4 Uhr eindrücken.

32 Dann die Kugel mit dem linken Daumen zwischen 2 Uhr und 8 Uhr eindrücken.

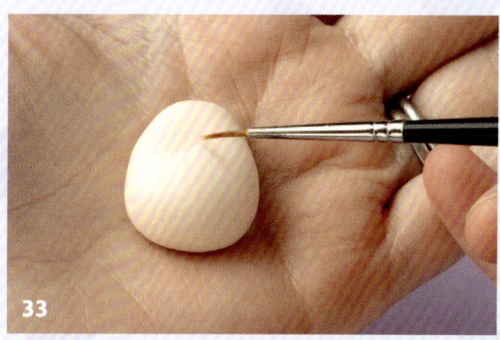

33 Eine kleine Kugel aus hautfarbenem Fondant rollen und als Nase auf die Erhöhung, die durch das Eindrücken entstanden ist, kleben.

Mit einer Modelliernadel 2 Löcher für die Augen stechen. Den Kopf auf den Rumpf setzen.

Mit dem breiten Ende einer kleinen Spritztülle einen Mund eindrücken (nicht zu tief).

Den Kopf wieder abnehmen, 2 Kugeln aus weißem Fondant als Augen ankleben und dabei vorsichtig flach drücken.

Für die Pupillen 2 kleine Kugeln aus schwarzem Fondant rollen und auf die Augen kleben.

Mit einem dünnen Haarpinsel etwas rosa Farbpulver auf die Wangen stäuben.

Den Kopf festkleben. Den Oberkopf mit Klebstoff bestreichen.

Etwas braune Fondantmasse in eine Modellierpresse mit Haar-Einsatz geben und durchdrücken.

Die Presse auf die Arbeitsfläche legen und die Haare mit einer Schere abschneiden.

EXTRATIPP
Haare, die mit einer Modellierpresse hergestellt werden, müssen zur Frisur arrangiert werden, bevor sie trocknen. Wenn der Fondant trocken ist, wird er spröde und bricht, wenn man ihn bewegt.

Einige Haare auf eine Seite des Kopfes kleben.

Auch auf die andere Seite des Kopfes Haare kleben.

Dann die Haare in der gewünschten Länge abschneiden.

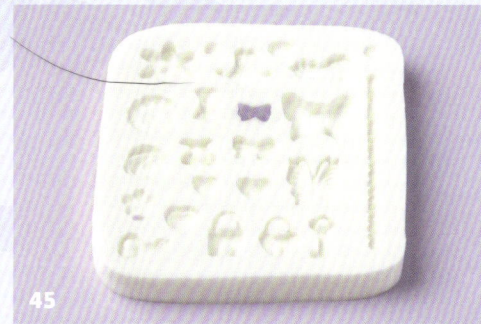

Mit Blütenpaste oder Fondant in Violett eine kleine Schleife in der Model formen.

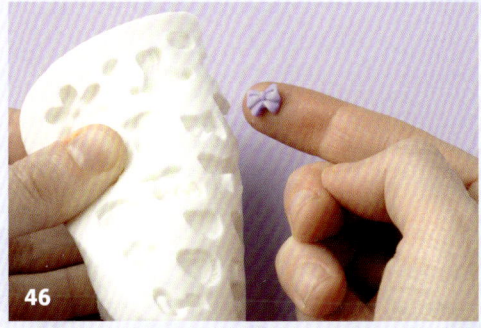

Die Model biegen, um die Schleife herauszulösen.

Die Schleife auf die Haare kleben.

Stift und Papier

Für den Stift eine Wurst aus braunem Fondant rollen und auf die gewünschte Länge schneiden.

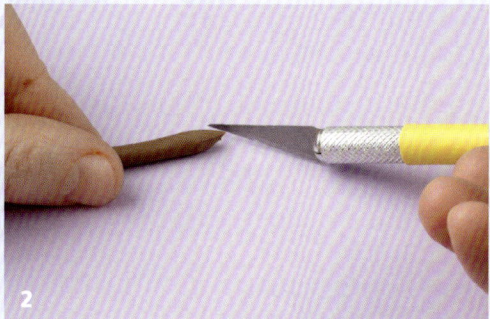

Ein Ende des Stifts anspitzen: Es soll aussehen, als wäre er mit einem Messer gespitzt worden.

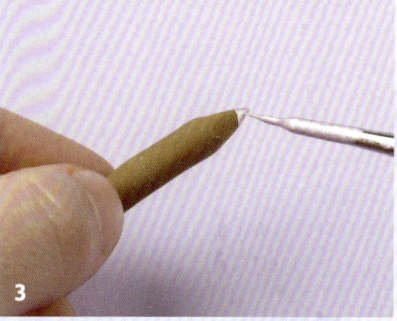

Die Stiftspitze mit fliederfarbener Metallicfarbe bemalen.

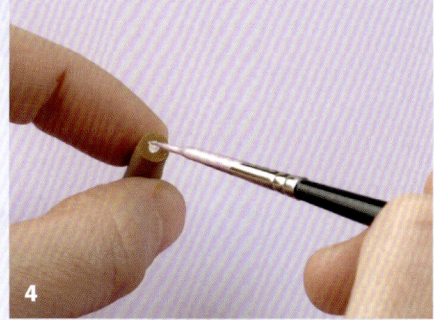

Einen kleinen fliederfarbenen Punkt auf die stumpfe Seite des Stifts geben – er stellt das Ende der Mine dar.

EXTRATIPP
Feen sind sehr klein. Das lässt sich durch übergroße Accessoires wie Stifte, Garnrollen oder Bücher sehr gut vermitteln.

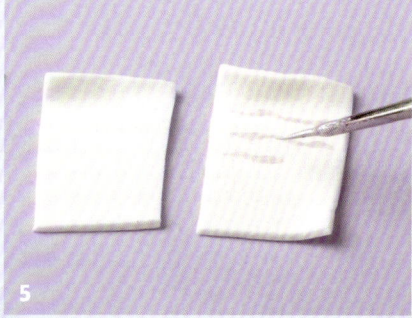

Ein Rechteck aus weißer Blütenpaste zuschneiden. Die Ränder biegen und mit fliederfarbener Metallicfarbe Wellenlinien darauf malen.

Schmetterlinge

1

Etwas violette Blütenpaste ausrollen und mit einer Ausstechform mit Auswerfer Schmetterlinge ausstechen.

2

Die Schmetterlinge in der Mitte knicken und auf gefaltetes Papier legen. 2 Stunden (besser 24 Stunden) trocknen lassen.

3

Die trockenen Schmetterlinge mit violettem Farbpulver bestäuben.

4

Die Schmetterlinge mit Eiweißspritzglasur an den Seiten der Torte befestigen und in die Mitte jedes Schmetterlings 3 Punkte als Körper spritzen.

Girlanden und Bordüre

1

Stränge aus violetter Blütenpaste mit Spritzbeutel und dünner Lochtülle um den Rand der Torte spritzen oder mit einer Modellierpresse herstellen und mit Klebstoff befestigen. Kleine Schleifen aus violetter Blütenpaste in der Model formen.

2

Für die Bordüre einen langen Streifen violetten Fondant ausrollen und eine Endlosrüsche in der Länge des Tortenumfangs ausstechen.

3

Die Endlosrüsche um den unteren Rand der Torte legen und festkleben.

TORTEN-DESIGN

Legen Sie Matilda auf eine Torte mit 12 cm Durchmesser. Die Höhe von 15 cm gibt viel Platz für Verzierungen. Bei Feentorten stimme ich den Geschmack gern auf die Farbgebung ab, darum hat diese Kreation eine Füllung aus Creme, die zart mit Lavendel aromatisiert ist.

Eden

DIE FRÖHLICHE FEE

SIE BRAUCHEN:
- Modellierwerkzeug (*siehe Seite 12–13*)
- Fondant in Rosa, Hautfarbe, Weiß, Schwarz, Braun und Blau
- Kleine Herz-Ausstechform
- Lebensmittelfarbe (Pulver) in Hellrosa
- Blütenpaste in Weiß, Rosa und Blau
- Große Schmetterlings-Ausstechform
- Schmetterlingsflügel-Prägewerkzeug
- Glanz-Lebensmittelfarbe (Pulver) in Schneeweiß
- Kleine Blüten-Ausstechform

Die Größe der Figur können Sie selbst bestimmen. Vorlagen für die hier gezeigte Größe finden Sie auf Seite 182. Für die Figur benötigen Sie Fondantmasse in Rosa, Hautfarbe, Weiß, Schwarz und Braun. Für das Zubehör wird Fondantmasse in Weiß und Blau sowie Blütenpaste in Weiß, Rosa und Blau verarbeitet.

Aus rosa Fondant eine Kugel für den Rumpf und aus hautfarbenem Fondant eine kleinere für den Kopf rollen.

Die rosa Kugel zu einem Kegel formen und von der Spitze aus ein Stück Spaghetti hineinstecken.

Aus der hautfarbenen Kugel ein Ei formen. Bei meinen Feen sitzt der Mund ungewöhnlicherweise am breiteren Ende des Kopfes.

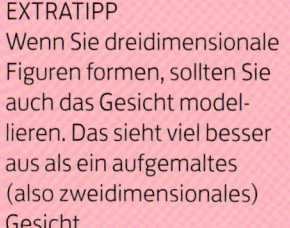

EXTRATIPP
Wenn Sie dreidimensionale Figuren formen, sollten Sie auch das Gesicht modellieren. Das sieht viel besser aus als ein aufgemaltes (also zweidimensionales) Gesicht.

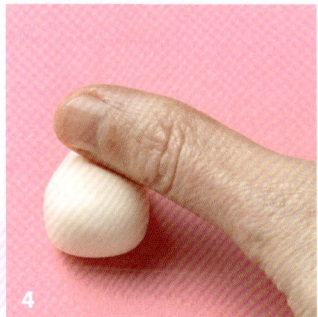

Mit dem rechten Daumen zwischen 10 Uhr und 4 Uhr eine Vertiefung drücken.

Mit dem linken Daumen eine Vertiefung zwischen 2 Uhr und 8 Uhr drücken.

Achtung beim Eindrücken: Der linke Kopf auf dem Bild ist gut gelungen, beim rechten wurde zu stark aufgedrückt.

Eine kleine Kugel aus hautfarbenem Fondant rollen und als Nase auf die Erhöhung in der Mitte kleben.

Mit dem breiten Ende einer kleinen Spritztülle einen lächelnden Mund in den Kopf drücken.

Mit einer Modelliernadel 2 Löcher für die Augen stechen. Achten Sie auf die richtigen Proportionen.

Den Kopf auf den Rumpf setzen (noch nicht festkleben) und 2 Kugeln aus weißem Fondant als Augen aufkleben. Vorsichtig flach drücken.

2 kleine Kugeln aus schwarzem Fondant als Pupillen aufkleben oder Zuckerperlen verwenden.

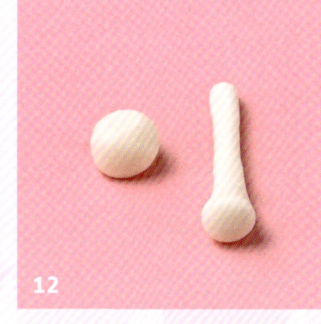

Für die Beine 2 hautfarbene Kugeln zu Würsten mit verdicktem Ende rollen.

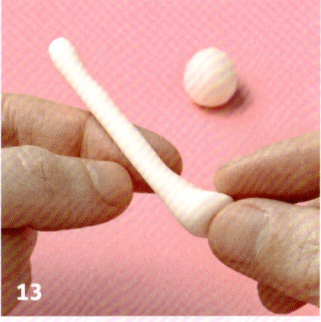

Das verdickte Ende eines Beins zum Fuß formen, aber nicht zu flach drücken.

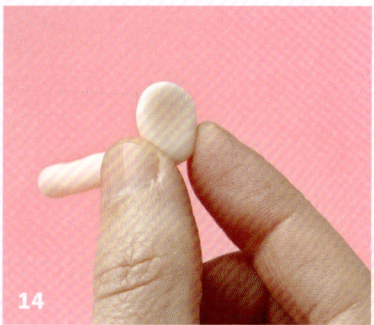

Die Ferse etwas zusammendrücken. Sie sollte schmaler als die Fußspitze sein.

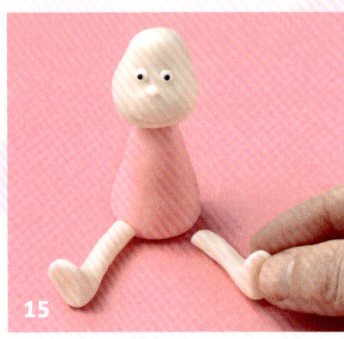

15

Für das andere Bein Schritt 13–14 wiederholen. Beide Beine an den Rumpf kleben.

16

Für das Kleid rosa Fondant (oder Blütenpaste, wenn Sie damit lieber arbeiten) ausrollen und ein Rechteck mit einer gewellten Kante zuschneiden.

17

Die gewellte Kante mit den Fingern zusammendrücken, um eine Rüsche zu formen.

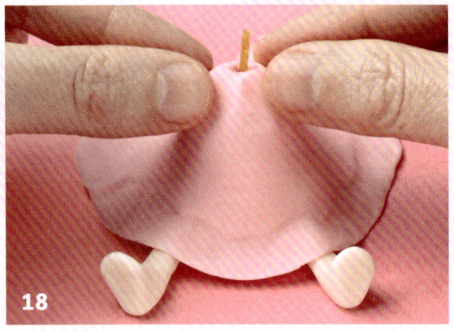

18

Das Kleid um den Rumpf legen und festkleben. Der Ansatz sollte am Rücken sein. Den Ansatz mit dem Finger etwas glätten.

> **EXTRATIPP**
> Formen Sie Kleidung möglichst aus Fondant, da er besser schmeckt. Für komplizierte Modelle können Sie Blütenpaste oder eine Mischung aus Fondant und Blütenpaste (1:1) nehmen, die fester ist und sich leichter verarbeiten lässt.

19

Nun das Kleid behutsam mit einem weichen Pinsel in Form bringen.

20

Ein Herz aus Fondant in dunklerem Rosa ausstechen und vorne auf das Kleid kleben.

21

Um das Herz mit einer Modelliernadel Löcher stechen, um Stiche der Naht anzudeuten.

22

Die Arme genau wie die Beine formen (Schritt 12). Sie sollten aber kürzer sein.

23

Für die Hand das verdickte Ende eines Arms zusammendrücken.

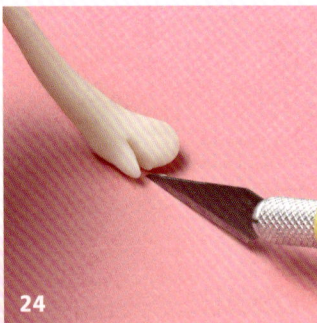

24

Für den Daumen mit dem Skalpell einen kleinen Keil aus der Hand schneiden.

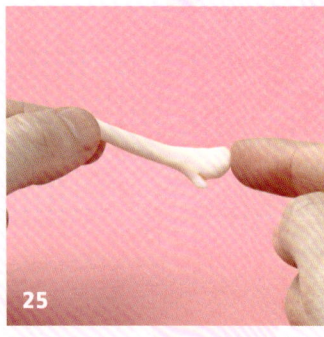

25

Die Kanten von Daumen und Hand glätten.

26

Für den zweiten Arm Schritt 23–25 wiederholen. Beide Arme an den Rumpf kleben.

27

Für die Ärmel 2 trapezförmige Stücke aus rosa Fondant zuschneiden.

28 Die Ärmel über die Armansätze kleben *(siehe Extratipp, unten)*.

29 Um die Ärmel herum mit einer Modelliernadel kleine Punkte eindrücken.

30 Jetzt können Sie den Kopf auf dem Rumpf festkleben.

31 Mit einem dünnen Pinsel hellrosa Farbpulver auf die Wangen stäuben.

EXTRATIPP
Wenn die Ärmel des Feenkleids zu eng anliegen, schieben Sie vor dem Festkleben einfach eine kleine Fondantkugel darunter.

32 Den Oberkopf mit essbarem Kleber einstreichen, um die Haare zu befestigen. Am Hinterkopf beginnen.

33 Haare aus braunem Fondant mit der Modellierpresse herstellen *(siehe Seite 56)*. Haare zuerst am Hinterkopf festkleben.

34 Den zweiten Strang Haare an eine Seite des Kopfes kleben.

35 Den dritten Strang Haare an die andere Seite kleben.

36 Die Haare mit einer Schere zurechtschneiden.

37 Eine Blüte aus weißem Fondant ausstechen und mit essbarem Klebstoff im Haar befestigen.

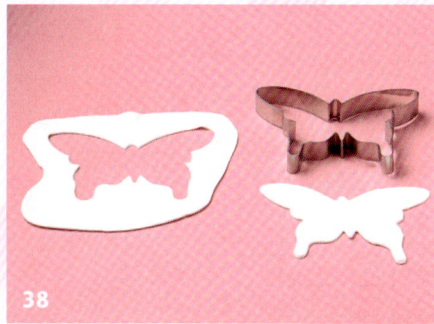

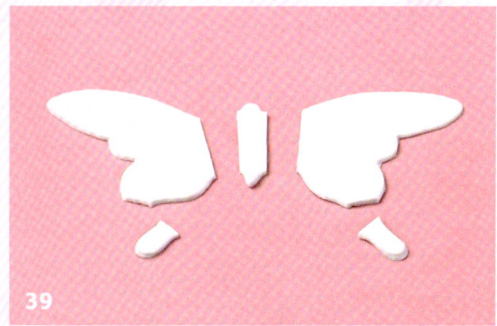

38 Für die Flügel etwas weiße Blütenpaste ausrollen und einen Schmetterling ausstechen.

39 Die Flügel des Schmetterlings vom Körper trennen und die unteren Flügelspitzen abschneiden.

40 Mit einem Prägewerkzeug ein Muster in die Flügel drücken.

41

Mit verschiedenen Spritz-
tüllen Löcher aus den Flügeln
ausstechen.

42

Mit einem Pinsel etwas
weißes Glanzpulver auf die
Flügel stäuben.

44

So sollte Ihre fertige Fee aussehen.

43

Die Flügel zwischen den mittleren Haarsträhnen festkleben.
Falls nötig, vorher eine Kugel aus Fondant auf den Rücken
kleben und die Flügel daran befestigen.

Wimpel

1

Einen Seil-Einsatz in die Modellierpresse einlegen und rosa
Blütenpaste einfüllen.

2

Lange Stränge aus der Presse drücken,
girlandenförmig um den Tortenrand legen
und am Anfang und Ende festkleben.

3

Aus blauer, rosa und weißer Blütenpaste kleine Dreiecke zuschneiden.

4

Die Dreiecke an die Girlanden-Stränge
kleben.

5

Blüten aus weißem Fondant ausstechen, jeweils
in der Mitte eine Kugel aus blauem Fondant
befestigen und über den Ansatz der Girlande
kleben.

TORTEN-DESIGN
Die abgebildete Torte hat
einen Durchmesser von 18 cm.
Die Höhe von 10 cm bietet viel
Platz für die Wimpelketten.
Wenn Sie möchten, können
Sie auch die Tortenplatte
mit kleinen Zuckerblümchen
dekorieren.

Darcie
DIE TANZFEE

Die Größe der Figur können Sie selbst bestimmen. Vorlagen für die hier gezeigte Größe finden Sie auf Seite 182. Für die Fee brauchen Sie Fondantmasse in Weiß, Hautfarbe, Blau, Schwarz, Gelb, Pink und Rosa. Außerdem wird für das Zubehör Fondant in Braun, Blau und Rosa sowie weiße Blütenpaste verarbeitet.

SIE BRAUCHEN:
- Modellierwerkzeug *(siehe Seite 12–13)*
- Fondant in Weiß, Hautfarbe, Blau, Schwarz, Gelb, Rosa, Pink, Braun
- Blütenpaste in Weiß
- Schmetterlings-Ausstechform
- Glanz-Lebensmittelfarbe (Pulver) in Schneeweiß
- Kleine Blüten-Ausstechform
- Lebensmittelfarbe (Pulver) in Hellrosa

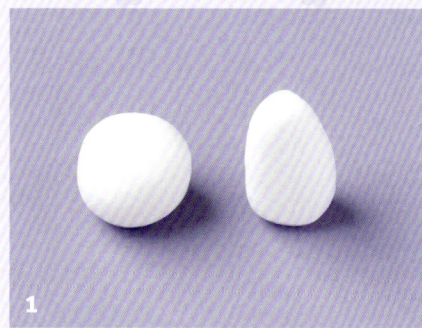

1
Aus weißer Fondantmasse eine Kugel rollen und zum Kegel formen.

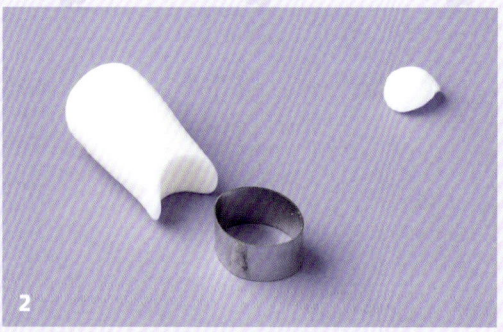

2
Den Kegel auf die Seite legen. Mit einer ovalen Ausstechform, die kleiner als das obere Ende des Kegels ist, ein Drittel eines Ovals abstechen.

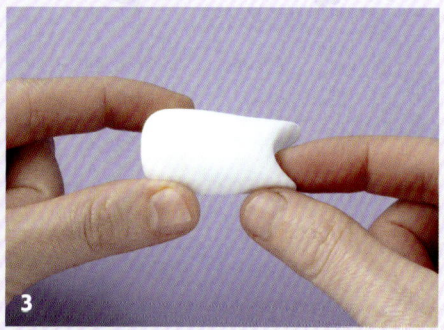

3
Mit Daumen und Zeigefinger die Schnittfläche und -kanten sorgfältig glätten.

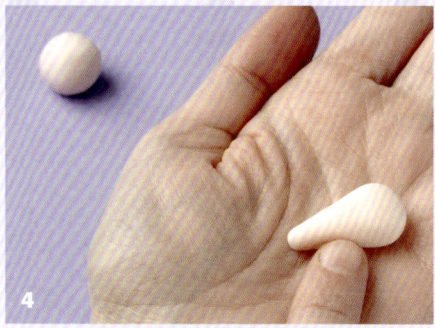

4
Für den Hals eine Fondantkugel in Hautfarbe rollen und zum Kegel formen.

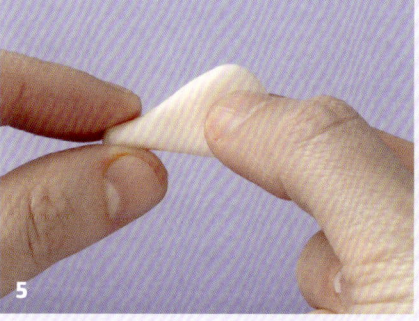

5
Den Kegel flach drücken. Er sollte danach noch ca. 5 mm dick sein.

EXTRATIPP
Der Oberkörper dieser Fee bildet zugleich das Oberteil der Kleidung, darum wird er nicht aus hautfarbener Fondantmasse modelliert, sondern aus Fondant in der Farbe der Kleidung.

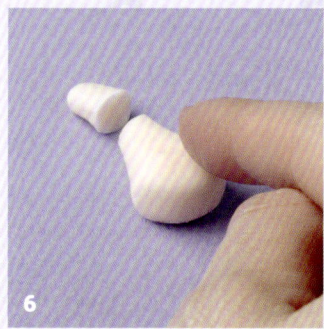

6
Das schmale Ende des Halses abschneiden, das breite in die Vertiefung aus Schritt 3 kleben.

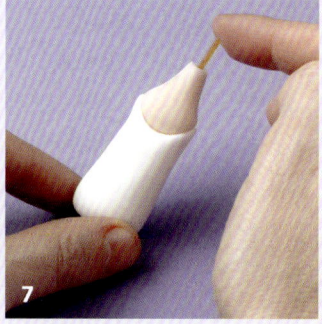

7
Ein Stück Spaghetti senkrecht in Rumpf und Hals stecken, oben herausstehen lassen.

8
Für die Beine 2 Kugeln aus hautfarbenem Fondant zu länglichen Kegeln formen.

9
Das dicke Ende eines Beins zu einem Fuß modellieren.

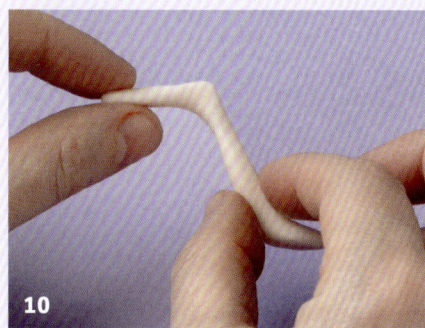

10
Das Bein etwa in der Mitte (am Knie) abwinkeln. Schritt 9–10 für das andere Bein wiederholen.

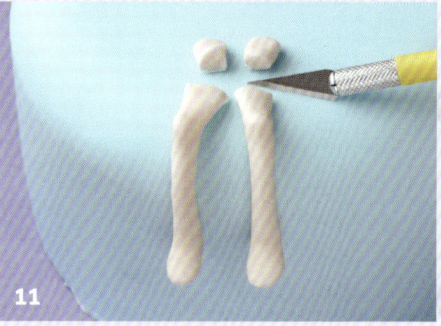

11
Die Beine auf den Tortenrand setzen. Eventuell müssen die oberen Enden der Beine etwas gekürzt werden.

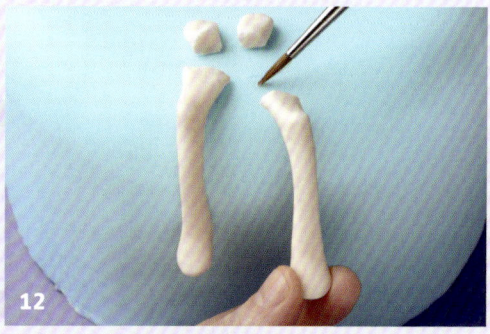

12
Wenn die Position der Beine gut aussieht, jedes Bein mit etwas Kleber befestigen.

13
Den Rumpf hinter den Beinen auf die Torte kleben.

14
Aus weißer Blütenpaste einen Kreis (ca. 5 cm Durchmesser) für den Rock ausstechen: Er sollte oberhalb der Knie der Figur enden.

15
Mit einem Blütenblatt-Prägewerkzeug Wellen in den Rand des Kreises drücken.

EXTRATIPP
Stark gekräuselte Rüschen lassen sich leichter aus Blütenpaste oder einer Mischung aus Fondant und Blütenpaste (1:1) formen.

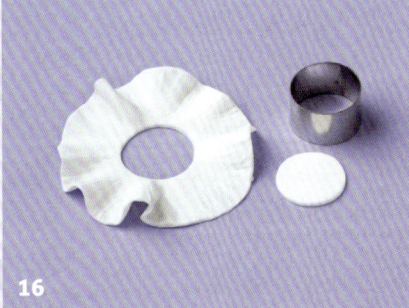

16
Aus der Mitte einen Kreis ausstechen. Die Größe der Ausstechform sollte dem Durchmesser des Rumpfes entsprechen.

17
Den Rock über den Rumpf bis auf die Beine schieben und einen Streifen Kleber daraufstreichen.

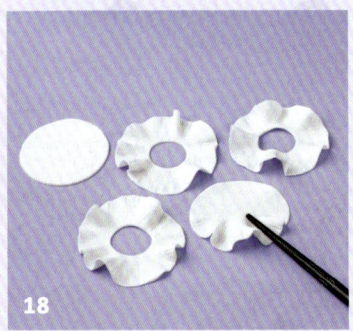

18
4 (oder mehr) Rocklagen wie in Schritt 14–17 formen und übereinander um den Rumpf legen.

19
Nun sollte Ihre Fee etwa so aussehen.

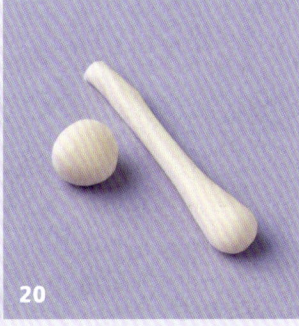

20
Für die Arme 2 Kugeln aus hautfarbenem Fondant rollen und zu Kegeln formen.

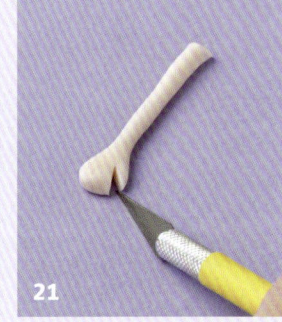

21
Das Ende des Kegels flach drücken, für den Daumen einen Keil ausschneiden.

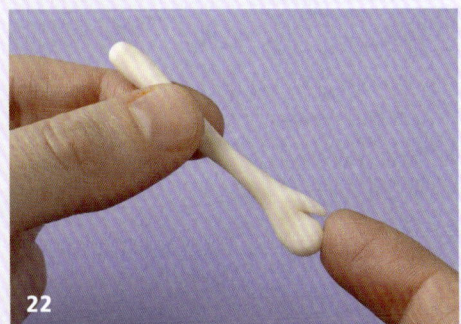

22
Die Kanten von Daumen und Hand der Fee mit einem Finger glätten.

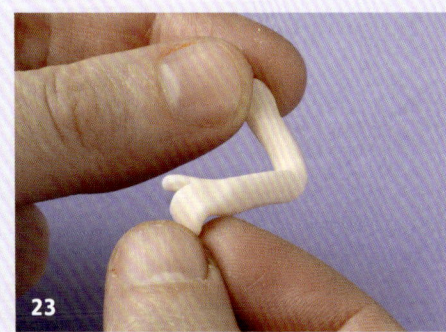

23
Den Arm abwinkeln, die Finger nach innen krümmen. Schritt 21–23 für den anderen Arm wiederholen, diesen aber weniger stark abwinkeln.

24
Die Arme an die Schultern der Fee kleben, die linke Hand sollte den Rock berühren. Den Hals kürzen, falls er zu lang ist.

25

Einen Schmetterling aus weißer Blütenpaste ausstechen.

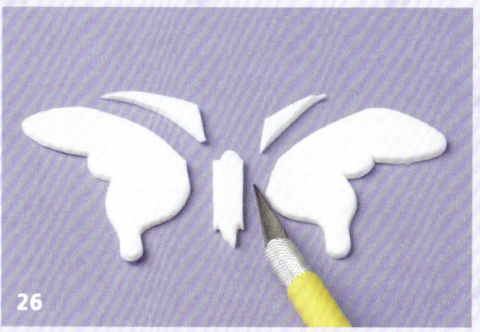

26

Die Flügel des Schmetterlings vom Körper trennen, dann die oberen Teile der Flügel abschneiden.

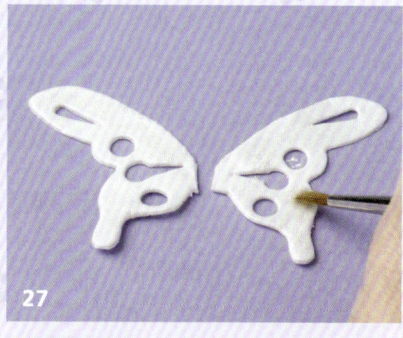

27

Mit Spritztüllen oder Ausstechförmchen unterschiedliche Löcher aus den Flügeln ausstechen.

28

Die Flügel an den Rumpf kleben (*siehe Extratipp, rechts*).

EXTRATIPP
Falls die Flügel mehr Halt brauchen, eine Fondantkugel mit Eiweißspritzglasur an den Rücken kleben. Daran die Flügel mit Eiweißspritzglasur befestigen. Die Kugel wird später von den Haaren verdeckt.

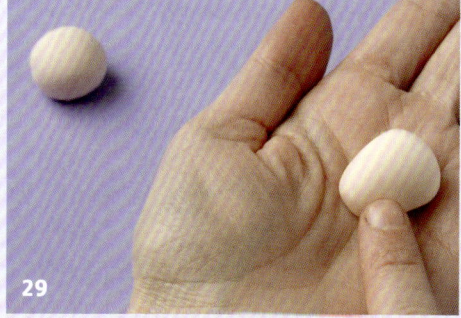

29

Für den Kopf eine Kugel aus hautfarbenem Fondant rollen und zum Ei formen.

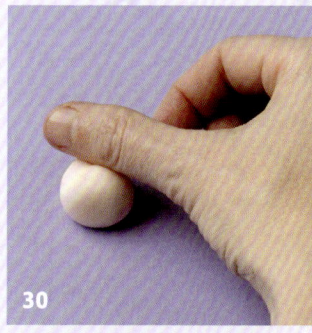

30

Mit dem rechten Daumen zwischen 10 Uhr und 4 Uhr eine Vertiefung eindrücken.

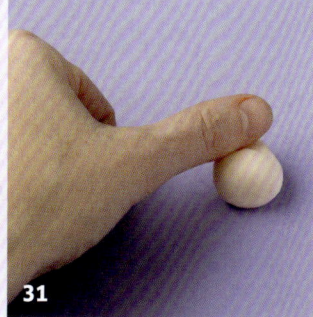

31

Mit dem linken Daumen zwischen 2 Uhr und 8 Uhr eine Mulde eindrücken. In der Mitte bleibt eine kleine Erhöhung.

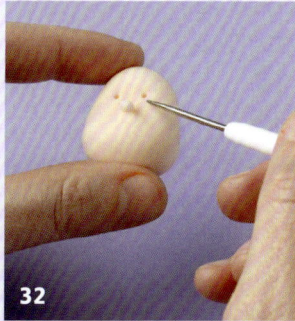

32

Eine hautfarbene Fondantkugel als Nase aufkleben. Mit einer Modelliernadel 2 Löcher einstechen.

33

Den Mund mit dem breiten Ende einer Spritztülle eindrücken.

34

2 Kugeln aus weißem Fondant für die Augen rollen und aufkleben. 2 Kugeln aus schwarzem Fondant als Pupillen aufkleben.

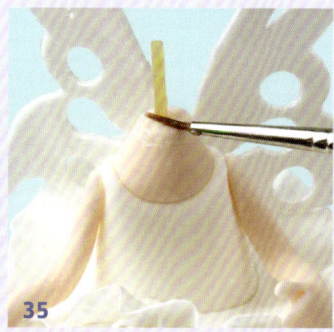

35

Jetzt den Kopf auf den Rumpf kleben.

36

Essbaren Kleber auf den Kopf streichen.

37

Gelben Fondant durch die Modellierpresse mit Haar-Einsatz drücken.

38 Die gelben Haarsträhnen auf dem Kopf festkleben.

39 Die Haare mit einer kleinen Schere zurechtschneiden.

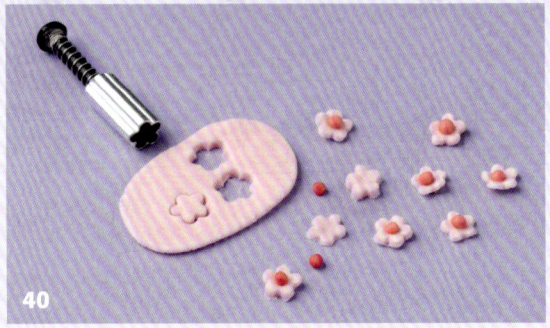

40 Etwas hellrosa Fondant ausrollen und 6 oder 7 kleine Blümchen ausstechen. Kügelchen aus pinkfarbenem Fondant in die Mitte der Blumen kleben.

41 Die Blumen kranzförmig auf den Kopf der Fee kleben.

42 Etwas rosa Farbpulver mit einem dünnen Pinsel auf die Wangen stäuben.

43 So sollte Ihre fertige Fee aussehen.

Blühender Baum

1 Braunen Fondant ausrollen und gekrümmte Streifen verschiedener Formen und Größen für die Äste zuschneiden.

2 Die Äste auf die Seiten der Torte kleben.

3 Blüten wie für den Haarschmuck der Fee vorbereiten und mit essbarem Klebstoff oder Eiweißspritzglasur auf die Zweige kleben.

TORTEN-DESIGN
Die hier verwendete Torte hat einen Durchmesser von 20 cm und eine Höhe von 12 cm. Entscheiden Sie selbst, wie kunstvoll Sie die Blümchen gestalten wollen. Sie können auch noch die Tortenplatte mit Blumen verzieren. Oder setzen Sie die kleine Fee auf ein Cupcake mit einer Fondantdecke.

Bramble & Ben

DIE FEENGESCHWISTER

Die Größe der Figuren können Sie selbst bestimmen. Vorlagen für die hier gezeigte Größe finden Sie auf Seite 183. Für die Figuren benötigen Sie Fondantmasse in Rosa, Blau, Hautfarbe, Weiß, Schwarz, Gelb und Orange. Für das Zubehör wird außerdem Fondant in Braun, Rot, Weiß und Grün verwendet.

SIE BRAUCHEN:
- Modellierwerkzeug (*siehe Seite 12–13*)
- Fondant in Rosa, Blau, Braun, Hautfarbe, Weiß, Schwarz, Gelb, Orange, Rot und Grün
- Nelken-Ausstechform
- Schmetterlings-Ausstechform
- Blatt-Prägewerkzeug
- Papier
- Glanz-Lebensmittelfarbe (Pulver) in Schneeweiß oder Rosa
- Lebensmittelfarbe (Pulver) in Hellrosa
- Kleine Blüten-Ausstechform
- Kelch-Ausstechform
- Lebensmittelstift in Orange oder Rosa
- Eiweißspritzglasur in Grün

1 Für die Rümpfe 2 große Kugeln rollen – eine aus rosa Fondantmasse (für Bramble) und eine aus blauer (für Ben).

2 Aus den Kugeln Kegel von ca. 4 cm Höhe formen.

3 Für den Baumstamm aus braunem Fondant eine Rolle mit ca. 3 cm Durchmesser und 15 cm Länge formen.

4 An einem Ende des Stamms mit den Fingern einen verbreiterten Rand modellieren.

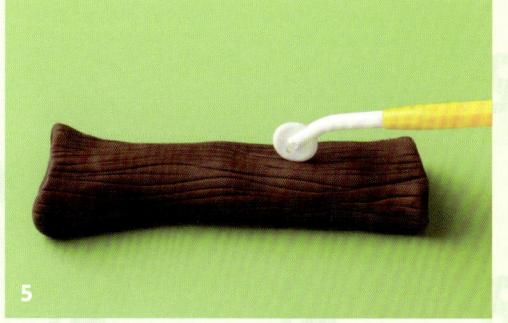

5 Mit einem Modellierrad die Struktur der Rinde einritzen. Die Linien sollten geschwungen sein.

EXTRATIPP
Wenn Sie mehrere Figuren formen, rollen Sie zuerst alle Rümpfe, dann die Köpfe und so weiter. So fallen die jeweiligen Körperteile gleichmäßiger aus, und die Arbeit geht schneller von der Hand.

6 Für die Beine 4 Kugeln aus hautfarbenem Fondant zu länglichen Kegeln rollen.

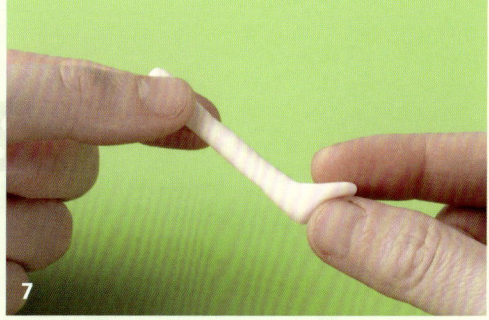

7 Für den Fuß das dickere Ende eines Kegels flach drücken.

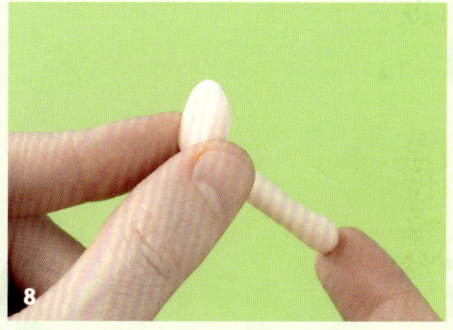

8 Die Ferse des Fußes etwas zusammendrücken. Sie soll schmaler sein als die Fußspitze.

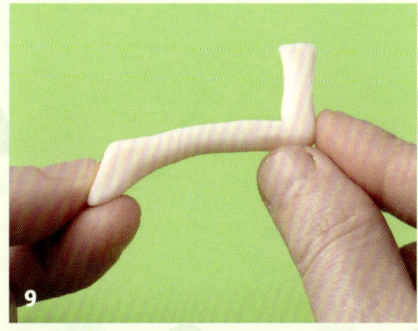

9 Das Bein in der Mitte (am Knie) abwinkeln.

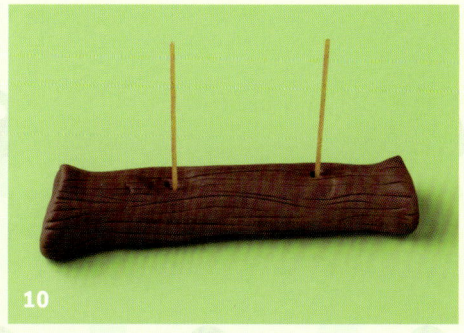

10 Nun dort, wo die beiden Figuren sitzen sollen 2 Stücke Spaghetti in den Baumstamm stecken.

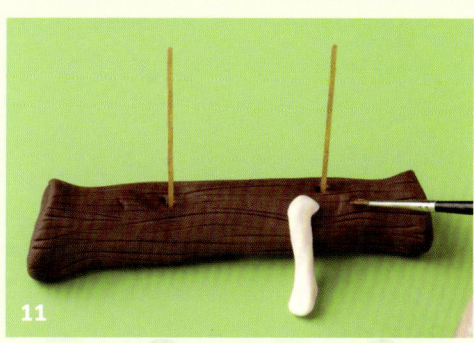

11 Das erste Bein von Ben (dem Jungen) auf den Baumstamm kleben und bei Bedarf etwas kürzen.

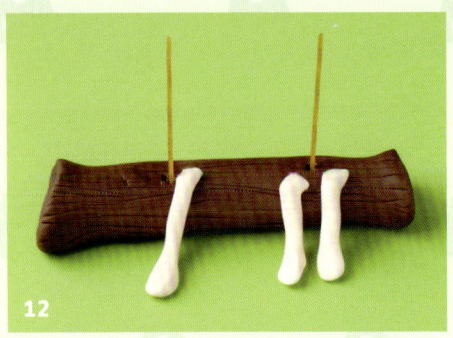

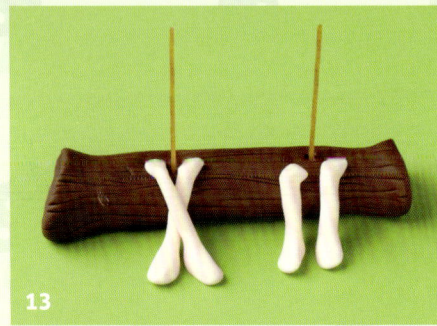

Schritt 7–11 für Bens zweites Bein wiederholen. Brambles Beine ebenso formen, aber etwas länger. Ihr erstes Bein leicht schräg auf den Baumstamm kleben.

Brambles zweites Bein gekreuzt über das erste legen und in dieser Position auf dem Baumstamm festkleben.

Wenn Ihnen die Position der Beine gefällt, die Rümpfe auf die Spaghetti stecken und auf dem Stamm festkleben.

Für Bens Kleidung einen langen Streifen aus blauem Fondant ausrollen und einseitig eine Zackenkante ausschneiden.

Um Bens unteren Rumpf etwas Kleber auftragen und die Zackenkante festkleben.

Für die Naht mit einer Modelliernadel entlang der Zackenkante kleine Punkte andeuten.

EXTRATIPP
Probieren Sie für Feenflügel verschiedene Schmetterlings-Ausstecher aus. Sie könnten auch Blatt-Ausstecher für längliche, gedrehte oder spitze Flügel verwenden.

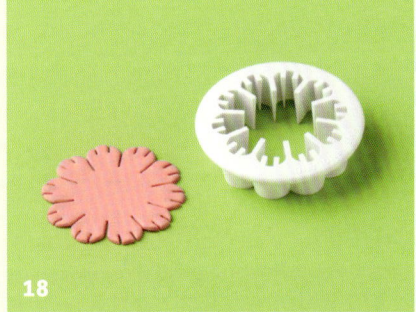

Für Brambles Rock etwas rosa Fondant ausrollen und mit dem Nelken-Ausstecher eine Blüte ausstechen.

Einen Zahnstocher mit etwas Druck über die Ränder der Rocks rollen, bis sie wellig werden.

In der Mitte der Rocks ein Loch mit dem Durchmesser des Rumpfes ausstechen (z. B. mit dem breiten Ende einer Spritztülle).

Den Rock über Brambles Rumpf bis auf die Beine schieben. Etwas Kleber daraufgeben.

3 oder 4 weitere Rocklagen wie in Schritt 18–21 herstellen, über den Rumpf ziehen und jeweils etwas Kleber dazwischen geben. Mit einem Zahnstocher in Form bringen.

23

Für die äußeren Arme 2 Kegel aus hautfarbenem Fondant formen und die breiten Enden abflachen.

24

Die Ellenbogen beider Arme leicht beugen, die Handflächen etwas zusammendrücken.

25

Die Arme mit essbarem Klebstoff an den Rümpfen befestigen. Auf Brambles Schulter eine kleine Kugel aus hautfarbenem Fondant setzen.

26

Eine weitere Nelke ausstechen und wie in Schritt 18–20 bearbeiten. 2 kleine Stücke herausschneiden.

27

Ein Stück als Ärmel über die Kugel auf Brambles Schulter kleben. Das andere Stück beiseitelegen.

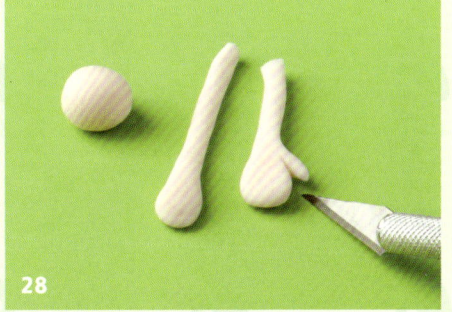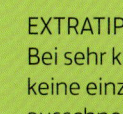

28

Für die inneren Arme 2 Kegel aus hautfarbenem Fondant formen und die breiten Enden flach drücken. Aus einer Hand einen Keil ausschneiden. Die Kanten glätten.

EXTRATIPP
Bei sehr kleinen Figuren keine einzelnen Finger ausschneiden. Es genügt, Daumen und Handfläche anzudeuten.

29

Am zweiten Arm (für Bramble) den Daumen auf der anderen Seite andeuten. Den Ärmel anbringen.

30

Die inneren Arme ankleben und so biegen, dass sich die Hände berühren. Die Hände zusammenkleben.

31

Für Brambles Flügel etwas rosa Fondant ausrollen und einen Schmetterling ausstechen.

32

In die Flügel mit einem Blatt-Prägewerkzeug ein Muster drücken.

33

Papier ziehharmonikaförmig falten, den Schmetterling in den Falz legen und mindestens 2 Stunden (besser 24 Stunden) trocknen lassen.

34

Den Schmetterling mit Glanzpulver in Schneeweiß oder Rosa bestäuben.

35

Die Flügel mit essbarem Klebstoff oder Eiweißspritzglasur auf Brambles Rücken kleben.

36

Nun sollte Ihr Feenpärchen etwa so aussehen.

37

Für die Köpfe 2 Kugeln aus hautfarbenem Fondant rollen und zu Eiern formen.

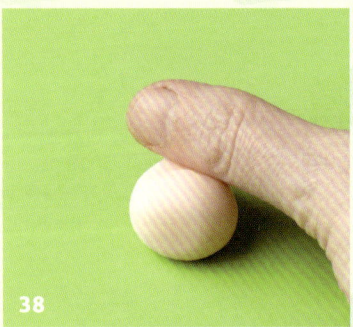

38

Einen Kopf mit dem rechten Daumen zwischen 10 Uhr und 4 Uhr vorsichtig eindrücken.

39

Mit dem linken Daumen zwischen 2 Uhr und 8 Uhr eindrücken. In der Mitte bleibt eine kleine Erhöhung.

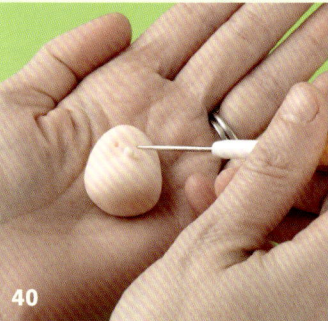

40

Eine kleine Kugel aus hautfarbenem Fondant als Nase aufkleben. Mit der Modelliernadel 2 Löcher einstechen.

41

Den Mund mit dem breiten Ende einer Spritztülle eindrücken.

42

2 Kugeln aus weißem Fondant als Augen anbringen und flach drücken. Kopf auf den Rumpf kleben, Pupillen aufkleben.

43

Gelben Fondant durch eine Modellierpresse mit Haar-Einsatz drücken und auf den Kopf der Fee kleben.

44

Die Haare mit einer kleinen Schere in Form schneiden.

45

Mit einem dünnen Pinsel etwas rosa Farbpulver auf die Wangen stäuben.

46

Eine kleine Blume aus rosa Fondant ausstechen und auf Brambles Haare kleben. Dann geht es mit dem Jungen weiter.

47

Etwas blaue Fondantmasse ausrollen und mit der Kelch-Ausstechform einen Blütenkelch ausstechen.

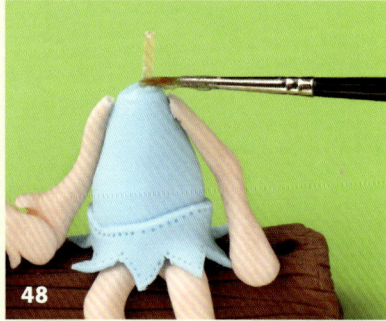

48

So auf Bens Hals kleben, dass der Ansatz der Arme am Rumpf verdeckt wird.

49 Die Spitzen der Kelchblätter zurechtzupfen.

50 Einen zweiten Kopf formen (Schritt 38–42) und auf den Rumpf des Jungen kleben.

51 Für die Ohren 2 kleine Kugeln aus hautfarbenem Fondant rollen und in der Mitte eindrücken.

52 Die Ohren seitlich an Bens Kopf kleben.

53 Jetzt sieht das Geschwisterpaar so aus.

54 Etwas Kleber auf Bens Kopf streichen. Orangen Fondant in eine Modellierpresse mit Haar-Einsatz geben und kurze Stränge direkt auf den Kopf pressen.

55 Die Haare strubbelig anordnen und kurz schneiden. Mit einem Lebensmittelstift in Rosa oder Orange Sommersprossen auf Bens Gesicht malen.

56 Das fertige Feenpärchen sieht so aus. Es muss nun mindestens 24 Stunden trocknen. Dann kann der Baumstamm mit den darauf befestigten Feen auf die Torte gesetzt werden.

Spike, der Igel

1 Für den Igel eine Kugel braunen Fondant zum Kegel formen. Auf die Arbeitsfläche drücken, um die Unterseite abzuflachen.

2 Mit der Spitze einer Schere viele kleine Schnitte in den Fondant machen. In etwas Abstand zur Spitze beginnen.

3 Augen anbringen (wie bei den Feen). Als Nase eine kleine rote Fondantkugel aufsetzen.

Gras

1 Fondant in verschiedenen Grüntönen ausrollen, spitze Streifen zuschneiden und rings um die Seiten der Torte kleben.

2 Um den unteren Rand der Torte einen Streifen grüne Eiweißspritzglasur spritzen.

EXTRATIPP
Nahtstellen, etwa zwischen Torte und Platte, können mit Band oder mit Spritzglasur verdeckt werden. Hier habe ich eine Gras-Tülle verwendet. Kleine Fehler oder Schäden verstecken Sie einfach unter einer hübschen Blume.

Fliegenpilze

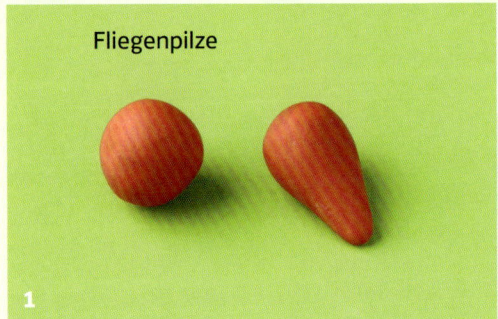

1 Eine Kugel aus rotem Fondant zu einem Kegel formen.

2 Das breite Ende abschneiden. Für den Pilzhut wird das spitze Ende benötigt.

3 Für den Stiel eine Wurst aus weißem Fondant rollen und beide Enden abschneiden.

4 Einen Stiel ans untere Ende eines Huts kleben. Punkte aus weißem Fondant ausschneiden, aufkleben und glätten. Weitere Pilze ebenso herstellen.

TORTEN-DESIGN
Die abgebildete Torte mit 20 cm Durchmesser ist ca. 10 cm hoch. Wenn Sie eine größere Torte verzieren, statten Sie einfach den »Märchenwald« mit zusätzlichen Igeln, Hasen oder sogar weiteren Feen aus. Sie könnten auch die Tortenplatte mit Marienkäfern, Schmetterlingen und anderen kleinen Tieren dekorieren. Ich verwende gern kleine Pilze, Blumen oder Igel, um Lücken in der Dekoration von Cupcakes zu füllen.

Monster & Aliens

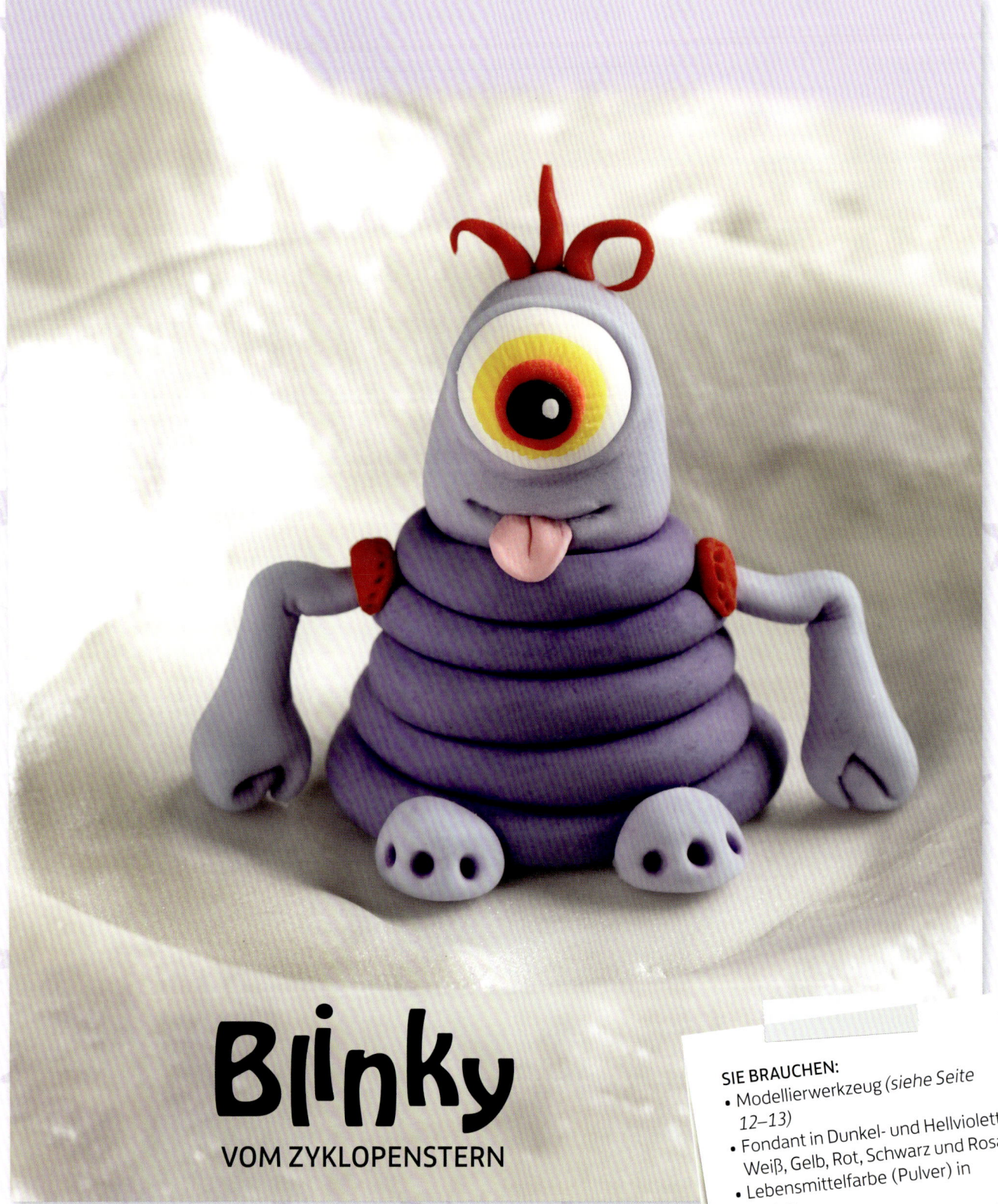

Blinky

VOM ZYKLOPENSTERN

Die Größe der Figur können Sie selbst bestimmen. Vorlagen für die hier gezeigte Größe finden Sie auf Seite 184. Für den Alien und das Zubehör benötigen Sie Fondantmasse in Violett, Weiß, Gelb, Rot, Schwarz und Rosa.

SIE BRAUCHEN:
- Modellierwerkzeug (siehe Seite 12–13)
- Fondant in Dunkel- und Hellviolett, Weiß, Gelb, Rot, Schwarz und Rosa
- Lebensmittelfarbe (Pulver) in Violett
- Glanz-Lebensmittelfarbe (Pulver) in Schneeweiß
- Küchenpapier

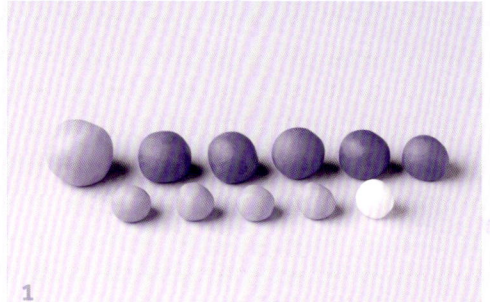

1

5 gleich große Kugeln aus dunkelviolettem Fondant rollen, eine größere und 4 kleinere aus hellviolettem und eine kleine aus weißem Fondant.

2

Aus den dunklen Kugeln Würste von 5 mm Durchmesser formen, Längen gemäß Vorlage. Die anderen Kugeln in einen Plastikbeutel packen.

3

Die längste Wurst zum Ring formen, die Enden zusammenkleben und mit einem spitzen Colour Shaper glätten.

4

Schritt 3 mit den anderen Würsten wiederholen. Die Ringe für den Körper der Größe nach aufeinanderkleben.

5

Die große Kugel in hellem Violett für den Kopf zu einem Ei formen. Auf die Öffnung am oberen Ende des Körpers kleben.

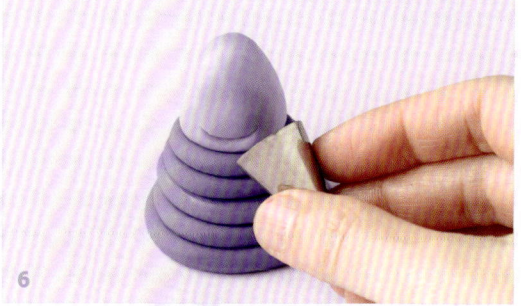

6

Mit dem breiten Ende einer kleinen Spritztülle einen Mund in den Fondant drücken.

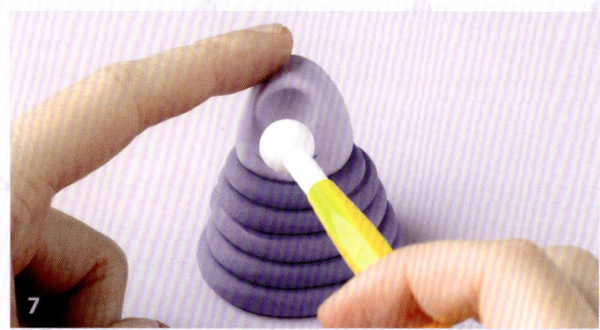

7

Mit einem großen Kugel-Modellierwerkzeug eine Mulde für das Auge drücken. Mit dem Zeigefinger der freien Hand gegenhalten, sodass ein Wulst über dem Auge entsteht.

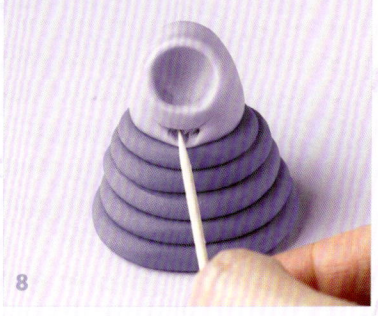

8

Mit einem Zahnstocher einen Spalt für die Zunge in den Mund ritzen.

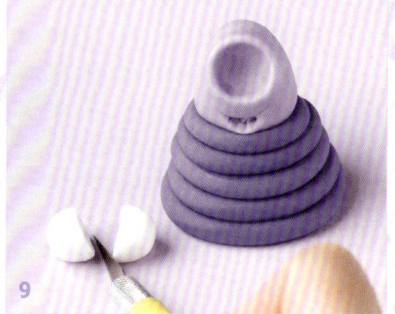

9

Die kleine Kugel aus weißem Fondant mit dem Skalpell halbieren.

10

Eine Hälfte der Kugel glätten und in die vorbereitete Augenhöhle kleben.

11

Unterschiedlich große Kreise aus gelbem und rotem Fondant ausstechen, eine kleine Kugel aus schwarzem Fondant rollen – alle sollten kleiner als das weiße Auge sein.

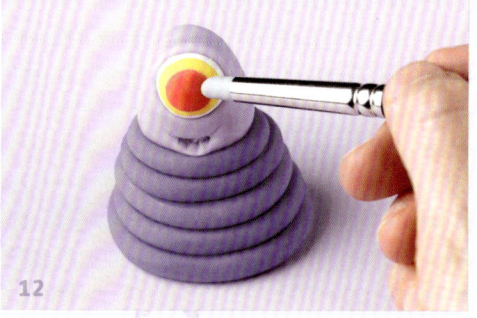

12

Den gelben Kreis auf das weiße Auge kleben, dann den roten Kreis auf den gelben. Alle Übergänge mit dem flachen Colour Shaper glätten.

13 Die schwarze Kugel auf den roten Kreis kleben und mit dem flachen Colour Shaper flach drücken.

14 Eine kleine Kugel aus weißem Fondant in die Mitte des Auges setzen.

15 2 kleine hellviolette Kugeln mit dem Daumen an einem Ende flach drücken.

16 Die flachen Enden mit Klebstoff bestreichen und unter den Körper schieben.

17 Mit einem spitzen Colour Shaper in jeden Fuß 3 Vertiefungen drücken.

18 Mit einem Zahnstocher in jede Seite des Oberkörpers einen Schlitz ritzen. Dort werden die Arme befestigt.

19 Die 2 restlichen hellvioletten Fondant-kugeln zu länglichen Kegeln rollen.

20 Jeweils am breiten Ende der Kegel einen kleinen Keil für den Daumen herausschneiden.

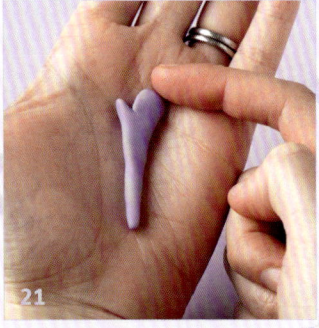

21 Daumen und Hand des Aliens mit der Fingerspitze glätten.

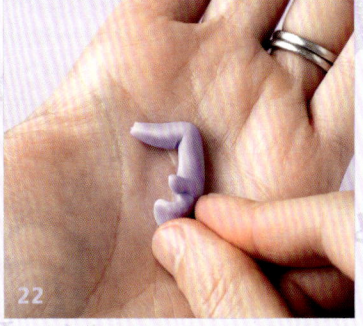

22 Den Arm am Ellenbogen beugen und die Finger nach innen zur Handfläche krümmen.

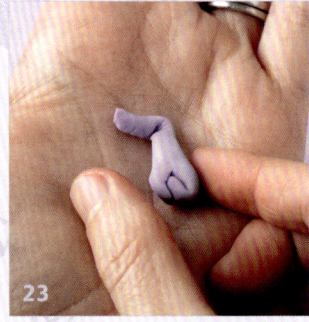

23 Den Daumen über die Finger legen.

24 Schritt 21–23 für den anderen Arm wiederholen. Dann beide Arme in die in Schritt 18 vorbereiteten Schlitze einsetzen und festkleben.

25 2 kleine Streifen aus roter Fondantmasse zuschneiden und so um die Oberarme legen, dass die Ansatzstellen verdeckt werden.

26 Mit einem Zahnstocher ein Muster aus »Nieten« auf den roten Schulterstücken andeuten.

27

Aus rotem Fondant 3 kleine, sehr dünne und spitze Kegel formen.

28

Die Kegel auf den Oberkopf kleben. Danach ihre Enden mit den Fingerspitzen umbiegen.

31

In die Vertiefungen der Füße und in die Rillen am Körper mit einem Pinsel violettes Farbpulver stäuben.

29

Für die Zunge einen Tropfen aus rosa Fondant ausstechen, die Spitze abschneiden und in die Mitte des runden Teils eine Rille drücken.

30

Etwas Klebstoff in die Mundöffnung tupfen, die in Schritt 8 vorbereitet wurde. Die Zunge hineinschieben.

Doogi

1

Eine dunkelviolette Kugel mit ca. 2 cm Durchmesser zu einem Kegel formen. Von oben bis zur Mitte einschneiden.

2

Die Schnittkanten mit den Fingern abrunden. In jedes Ende ein Stück Spaghetti stecken.

3

2 Kugeln aus dunkelviolettem Fondant rollen und auf die Spaghetti-Enden stecken. Mit einem großen Kugel-Modellierwerkzeug eindrücken.

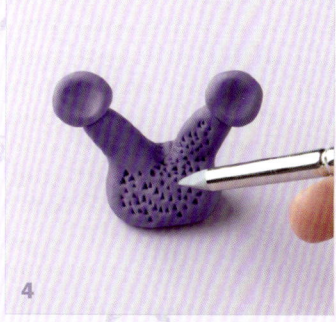

4

Mit einem Colour Shaper (Eck-Meißel) ein Strukturmuster in die Körperoberfläche drücken.

5

Für Beine und Arme 4 Kegel aus hellviolettem Fondant formen. Enden flach drücken, biegen und festkleben.

6

2 Augen formen *(siehe Blinky, Schritt 9–14)* – fertig ist der extraterrestrische Kumpel.

Slugger

1

Slugger wird nach demselben Prinzip wie Blinky geformt. 9 dunkelviolette Kugeln abnehmender Größe rollen.

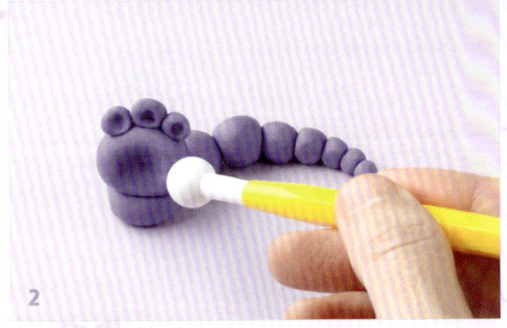

Rocky

2

Die Kugeln zusammenkleben. Eine zehnte Kugel als Kopf anbringen und darauf 3 Kügelchen setzen. Mit Kugel-Modellierwerkzeugen eindrücken.

3

Ein Auge formen *(siehe Blinky, Schritt 9–14)*, dann 2 Beine ansetzen *(siehe Doogi, Schritt 5)*. 4 kleine Kegel aus rotem Fondant an Kopf und Schwanz kleben.

1

Aus dunkelviolettem Fondant ein Oval rollen und in der Mitte der Breitseite bis zur Hälfte einschneiden.

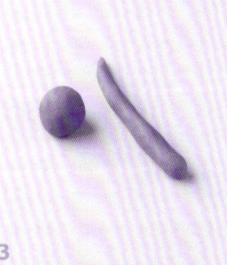

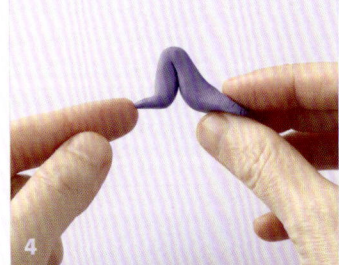

2

Die Hälften mit Finger und Kugel-Modellierwerkzeug zu großen Augenhöhlen modellieren.

3

Für die Beine 4 dunkelviolette Fondantkugeln zu Würsten formen.

4

Ein Bein biegen, beide Enden flach drücken. Das breitere Ende ist der Fuß.

5

Schritt 4 mit den anderen Beinen wiederholen. In jeden Fuß mit der Modelliernadel 2 Löcher stechen.

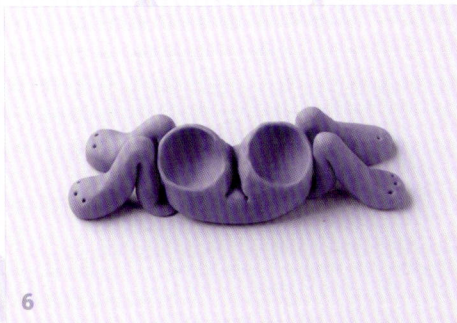

6

Die Beine wie auf dem Bild an den Körper kleben.

7

Die Augen formen *(siehe Blinky, Schritt 9–14)* und anbringen. Kegel aus rotem Fondant über und unter den Augen festkleben.

Der Zyklopenstern

1

Auf der Torte oder Tortenplatte aus weißen Fondant einen Gebirgszug aufbauen.

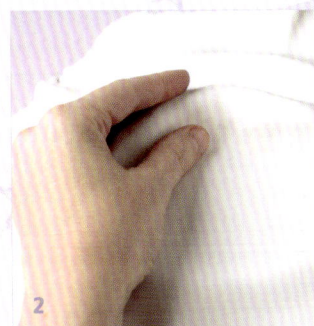

2

Die ganze Oberfläche mit einer weißen Fondantdecke überziehen.

3

Weißes Glanzpulver mit Isopropylalkohol mischen und auf den Fondant pinseln.

4

Die Fläche mit zerknülltem Küchenpapier abtupfen, um ihr eine unregelmäßige Struktur zu geben.

TORTEN-DESIGN
Blinky und seine außerirdischen Freunde sorgen auf Torten, Tortenplatten, Etageren und Cupcakes für Aufsehen. Die weiß schimmernde Sternenlandschaft lässt sich auf einer großen Torte ebenso gut gestalten wie auf einer Mini-Torte oder einem Cupcake.

Giggles
DAS KICHERMONSTER

Die Größe der Figur können Sie selbst bestimmen. Vorlagen für die hier gezeigte Größe finden Sie auf Seite 185. Für das Ungeheuer brauchen Sie Fondantmasse in Rosa, Weiß, Blau, Schwarz, Gelb und Grün, außerdem weiße Blütenpaste und blauen Fondant für den Hintergrund.

Für den Rumpf eine große Kugel aus rosa Fondantmasse rollen.

Die Kugel zum Ei formen.

Einen 3 cm langen Tropfen aus ausgerolltem Fondant in einem etwas helleren Rosaton ausstechen.

Das spitze Ende des Tropfens abschneiden.

Mit dem runden Ende der Ausstechform von der flachen Seite einen Bogen abtrennen. Zurück bleibt ein lachender Mund.

Den Mund auf den Rumpf kleben.

Aus hellrosa Fondant 2 lange, dünne Würste formen und am oberen und unteren Rand des Mundes aufkleben.

Die Enden mit einem Skalpell gerade abschneiden.

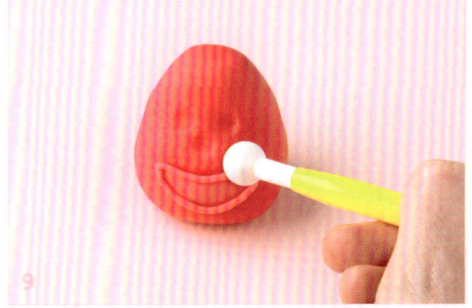

Mit einem Kugel-Modellierwerkzeug Vertiefungen für Augen und Nase eindrücken.

EXTRATIPP
Es ist am einfachsten, einer Figur Charakter zu verleihen, indem man ein Merkmal besonders hervorhebt. Oft beruht die Ausstrahlung auch darauf, dass ein Element des Gesichts vergrößert oder übertrieben dargestellt wird.

Für die Augen 2 Kugeln aus weißem Fondant rollen und flach drücken. 2 kleinere Kugeln aus blauem Fondant ebenfalls flach drücken, auf die weißen kleben und 2 schwarze Fondantkugeln aufsetzen.

Die Augen in die Vertiefungen kleben, die in Schritt 9 vorbereitet wurden.

Eine große Kugel aus gelber Fondantmasse rollen und als Nase festkleben.

Für die Zähne etwas weiße Blütenpaste sehr dünn ausrollen und einige kleine Dreiecke ausschneiden.

Die Zähne entlang der Ober- und Unterlippe in den Mund kleben.

Für die Haare ca. 8 dünne, zugespitzte Würste aus grüner Fondantmasse rollen.

Die Haare auf dem Oberkopf festkleben.

Jetzt sieht Ihr Monster etwa so aus.

Für die Ohren 2 Kugeln aus dunkelrosa Fondantmasse rollen und zu Kegeln formen.

Das breite Ende eines Kegels mit einem großen Kugel-Modellierwerkzeug eindrücken.

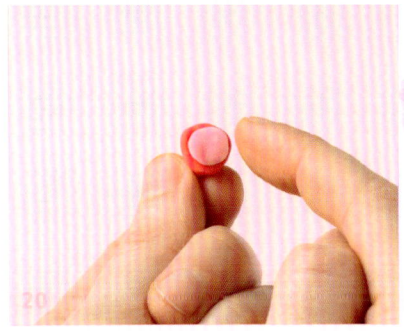

Einen kleinen Kreis aus hellrosa Fondantmasse formen und in die Vertiefung drücken.

Die Spitze des Kegels abschneiden. Schritt 19–21 für das zweite Ohr wiederholen.

In jede Seite des Kopfes ein kurzes Stück Spaghetti stecken. Daran werden die Ohren befestigt.

Etwas Kleber auf die schmalen Enden der Ohren geben. Die Ohren auf die Spaghetti stecken. Sie sollen seitlich vom Kopf abstehen.

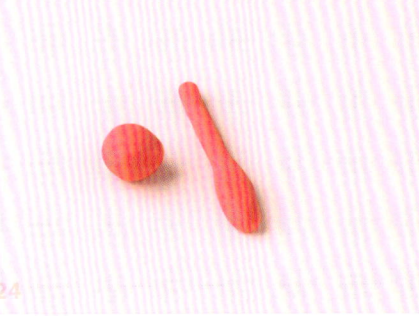

Für die Beine 2 Kugeln aus dunkelrosa Fondant rollen, zu Würsten mit einer 1 cm langen Verdickung an einem Ende rollen.

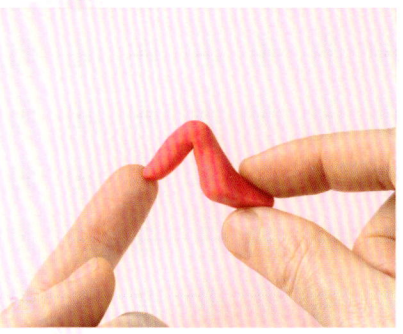

Ein Bein am Knie abwinkeln.

Das andere Bein ebenso abwinkeln, dann die Enden beider Beine unter den Rumpf des Monsters schieben und festkleben.

Für die Arme 2 Kugeln aus dunkelrosa Fondant rollen und zu Würsten mit einem verdickten Ende formen.

Das verdickte Ende eines Arms flach drücken, dann mit dem Skalpell 2 Dreiecke ausschneiden, sodass 3 Finger entstehen.

Den Arm am Ellenbogen abwinkeln. Die Kanten der Hand des Monsters mit Daumen und Zeigefinger glätten.

Schritt 28–29 für den zweiten Arm wiederholen. Die Arme auf halber Höhe zwischen Ohren und Mund seitlich an den Körper kleben.

So sieht das fertige Monster aus.

Diplet

Einen Tropfen aus dunkelrosa Fondant modellieren und das Gesicht wie bei Giggles gestalten *(siehe Schritt 3–14)*. 2 kleine Tropfen als Füße und 2 abgeflachte Kugeln als Arme ankleben.

An den Seiten des Kopfes 2 dünne Würste aus grüner Fondantmasse als Haare befestigen.

Peewee und Zilla

Wie Sie oben sehen, lassen sich die Techniken, die bei Giggles angewandt wurden, vielfältig abwandeln, um weitere Figuren zu erschaffen.

Landschaft

Würste aus blauem Fondant rollen und als Kraterränder auf eine Torte oder Tortenplatte legen.

Die Oberfläche mit einer blauen Fondantdecke überziehen und mit einem kleinen Kugel-Modellierwerkzeug viele kleine Vertiefungen eindrücken. Für den kleinen Krater eine Fondantkugel aufsetzen, mit einem großen Kugel-Modellierwerkzeug eindrücken und mit dem Finger gegenhalten, sodass ein Rand entsteht.

Glanzpulver in Weiß und Blau mit einigen Tropfen Isopropylalkohol *(siehe Seite 9)* mischen und auf die Fläche pinseln.

Für das Wasser Dekorgel mit einigen Tropfen blauer Lebensmittel-Farbpaste eintönen.

TORTEN-DESIGN

Fremde Planetenlandschaften bieten sich für fantasievolle Oberflächen an. Diese Struktur würde sich auch für einen Sumpf eignen. Sie können sie auf der Torte gestalten, aber auch auf der Tortenplatte, und die Torte als »Planeten« modellieren. Für die Dellenstruktur sollte die Fondantdecke sehr dick sein und vor der Verarbeitung gekühlt werden, damit sie sich nicht verformt, wenn Sie darauf Druck ausüben.

Boppa

DAS WÜSTENMONSTER

Die Größe der Figur können Sie selbst bestimmen. Vorlagen für die hier gezeigte Größe finden Sie auf Seite 184. Für das Monster benötigen Sie Fondantmasse in Orange, Gelb, Weiß, Schwarz, Grün, Violett und Rot sowie weiße Blütenpaste. Für das Zubehör wird Fondant in Violett, Grün, Weiß, Schwarz, Blau und Beige verarbeitet.

SIE BRAUCHEN:
- Modellierwerkzeug (siehe Seite 12–13)
- Fondant in Orange, Grün, Violett, Gelb, Rot, Schwarz, Weiß, Blau und Beige
- Blütenpaste in Weiß
- Lebensmittelfarbe (Pulver) in Violett, Braun und Grau

1

Aus orangefarbener Fondantmasse eine große Kugel für den Rumpf rollen.

2

Für den Mund mit einem Skalpell einen flachen Halbkreis einschneiden.

3

Das Innere des Mundes etwas aushöhlen.

4

Für die Lippen die Ränder der Höhlung mit Daumen und Zeigefinger etwas zusammendrücken.

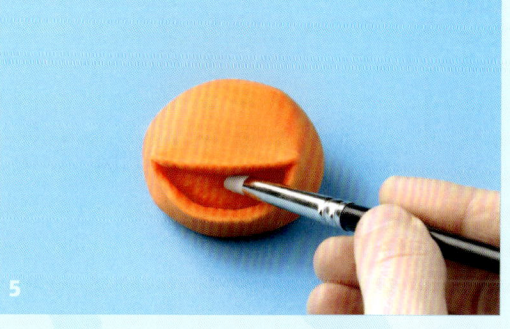

5

Das Innere der Mundhöhlung mit einem flachen Colour Shaper sorgfältig glätten.

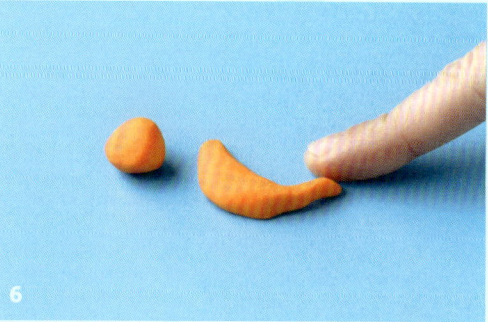

6

Für die Arme 2 Kugeln aus orangefarbenem Fondant rollen und zu Halbmonden formen, deren Form an Flossen erinnert.

7

Die Arme mit essbarem Klebstoff seitlich am Rumpf befestigen.

8

Mit der Spitze einer Schere Rumpf und Arme einknipsen, um eine fellähnliche Struktur zu modellieren.

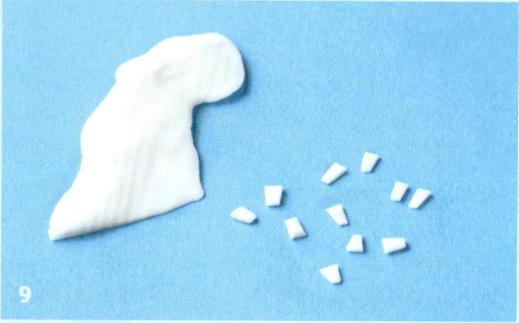

9

Für die Zähne etwas weiße Blütenpaste dünn ausrollen, kleine Dreiecke ausschneiden und von jedem die Spitze abtrennen.

10

Die Zähne mit ca. 2 mm Abstand zu den Lippenrändern in den Mund kleben.

11

Eine Kugel aus grünem Fondant für die Nase rollen und mit einem kleinen Kugel-Modellierwerkzeug 2 Nasenlöcher eindrücken.

12

Farbpulver in Violett in die Nasenlöcher stäuben.

13

Die Nase über dem Mund aufkleben. Mit einer Modelliernadel 2 Löcher für die Augen einstechen.

14

Für die Beine 2 Kugeln aus orangefarbenem Fondant zu Würsten mit einem rundlichen Ende formen.

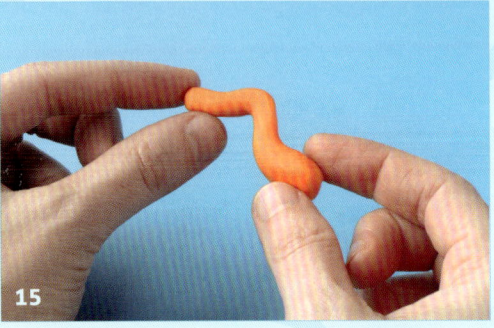

15

Ein Bein in der Mitte (am Knie) abwinkeln.

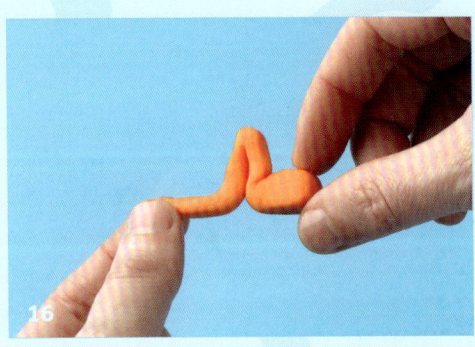

16

Das Bein vollständig zusammendrücken. Das dicke Ende bildet den Fuß.

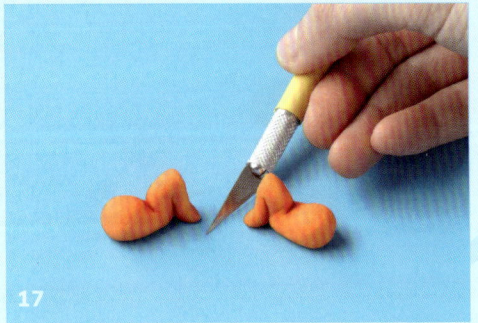

17

Schritt 15–16 für das andere Bein wiederholen, dann die überstehenden dünnen Enden bei beiden Beinen abschneiden.

18

Beide Beine unter dem Rumpf des Monsters festkleben.

EXTRATIPP
Verwenden Sie für Monster Komplementärfarben. Sie fallen ins Auge, weil sie sich durch den starken Kontrast gegenseitig betonen.

19

Für die Augen 2 Kugeln aus violettem Fondant rollen. Mit einem Kugel-Modellierwerkzeug eindrücken. Dabei mit einem Finger gegenhalten, sodass ein schmaler Rand entsteht.

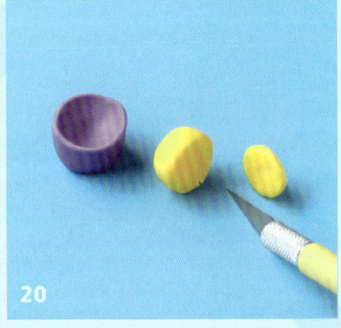

20

2 Kugeln aus gelbem Fondant rollen. Von jeder ein Drittel abschneiden.

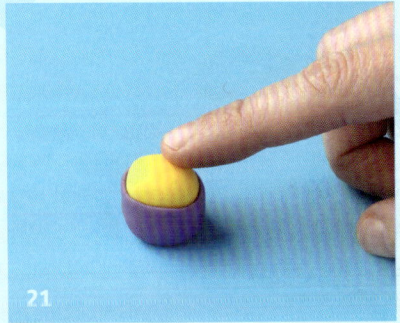

21

Die größeren Stücke in die Vertiefungen der violetten Augenhöhlen kleben.

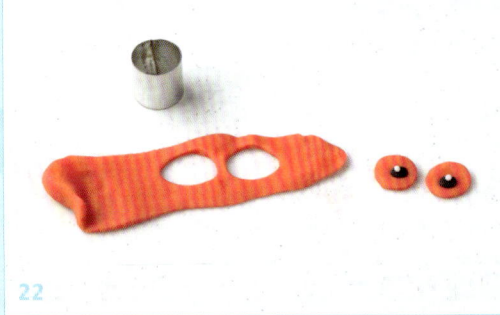

22

2 Kreise aus rotem Fondant ausstechen, 2 schwarze Fondantkugeln aufkleben, darauf 2 weiße Fondantkugeln setzen. Auf die gelben Augen kleben. Übergänge mit einem flachen Colour Shaper glätten.

23

Etwas violetten Fondant um ein Stück Spaghetti wickeln und die Spitze in eine violette Augenhöhle kleben. Diesen Schritt beim anderen Auge wiederholen.

24

Etwas Klebstoff in die Löcher geben, die in Schritt 13 vorbereitet wurden, und die Augen einsetzen.

EXTRATIPP
Verarbeiten Sie Fondant immer mit kurzen Fingernägeln. Die Arbeit geht besser von der Hand, weil vorwiegend mit den Fingerspitzen modelliert wird. Außerdem können die Figuren mit langen Nägeln leicht beschädigt werden.

25

So sieht das fertige Monster aus.

Landschaft

1

Unregelmäßige beige Fondantstücke mit kaltem, abgekochtem Wasser auf der Torte oder Tortenplatte festkleben. Die Oberfläche mit Wasser einpinseln.

2

Die Oberfläche der Torte oder Tortenplatte mit einer 5 mm dicken beigen Fondantdecke überziehen.

3

Mit einem kleinen Kugel-Modellierwerkzeug viele kleine Vertiefungen in die gesamte Oberfläche drücken.

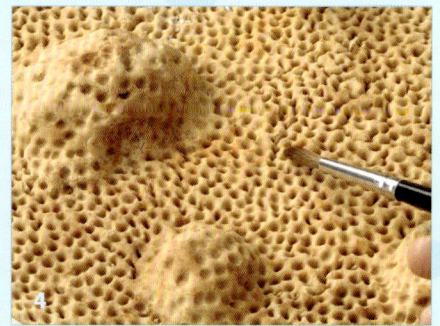

4

Braunes Farbpulver mit einem Pinsel auf die Oberfläche stäuben.

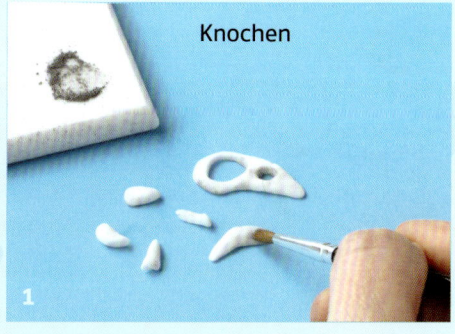

Knochen

1

Aus weißer Fondantmasse verschiedene kleine »Knochen« ausschneiden und mit grauem Farbpulver bestäuben.

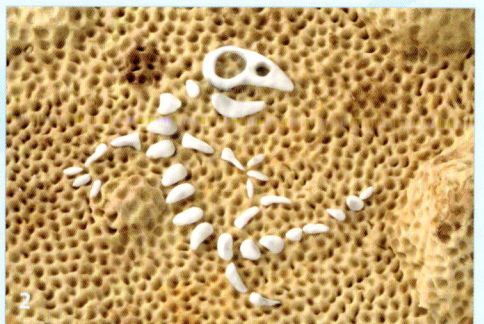

2

Auf der Torte oder Tortenplatte ein Skelett aus den Knochen zusammensetzen.

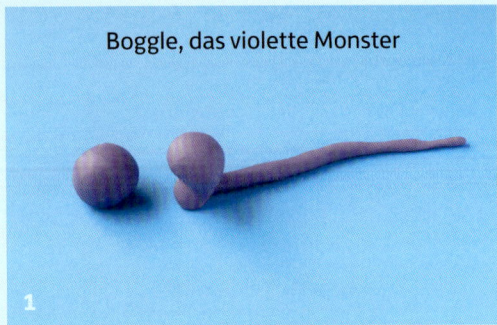

Boggle, das violette Monster

Aus violettem Fondant eine lange, spitze Wurst mit einem kugelförmigen Ende rollen.

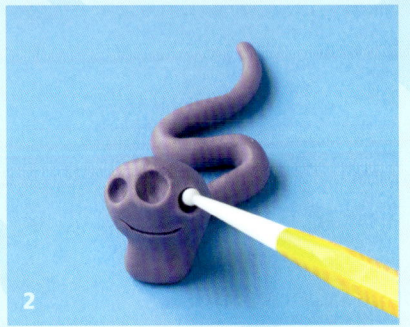

Für die Augen 3 Vertiefungen mit einem Kugel-Modellierwerkzeug eindrücken, mit dem Skalpell einen Mund einritzen.

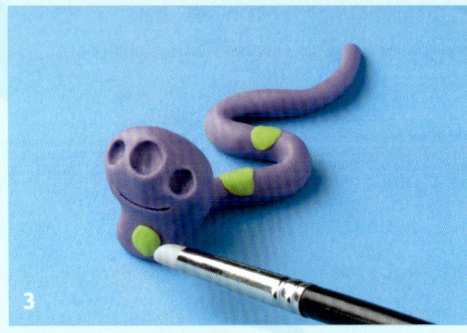

3 Flecken aus grünem Fondant ausschneiden und auf den Körper kleben. Die Ränder mit einem flachen Colour Shaper glätten.

Für die Augen 3 Kugeln aus weißem Fondant rollen, Kreise aus grünem und Kugeln aus schwarzem Fondant aufkleben. Zähne aus weißer Blütenpaste ausschneiden.

Augen und Zähne mit essbarem Klebstoff auf den Kopf des Monsters kleben.

Sludge, das grüne Monster

Eine Kugel aus grünem Fondant zu einem spitzen Kegel formen.

Das dünnere Ende des Kegels zwischen Daumen und Zeigefinger flach drücken.

Für den Kopf eine Kugel aus grünem Fondant rollen, 2 Vertiefungen für die Augen eindrücken. Jeweils 2 Kugeln aus weißem und aus schwarzem Fondant für die Augen sowie für die Nase eine Kugel aus grünem Fondant formen.

Für die Ohren 2 grüne Fondantkegel formen. Ins breite Ende jeweils eine kleine Kugel aus blauem Fondant drücken.

Ohren, Augen und Nase an den Kopf kleben. Eine dünne Wurst aus blauem Fondant als Haar auf dem Kopf befestigen.

TORTEN-DESIGN
Es sieht toll aus, wenn die Cremefüllung der Torte in den Farben der Monster eingefärbt wird. Sie könnten auch jedes Monster auf einen separaten Cupcake mit farblich passender Creme setzen. Die Wüstenlandschaft kann auf der Torte oder auch auf einer größeren Tortenplatte gestaltet werden.

Bertie

AUS DEM ALL

Die Größe der Figur können Sie selbst bestimmen. Vorlagen für die hier gezeigte Größe finden Sie auf Seite 185. Sie benötigen für Bertie Fondantmasse in Blau, Weiß, Grün, Schwarz, Rosa und Gelb, außerdem grauen Fondant für den Hintergrund.

SIE BRAUCHEN:
- Modellierwerkzeug (siehe Seite 12–13)
- Fondant in Blau, Weiß, Grün, Schwarz, Rosa, Gelb und Grau
- Dünner Floristendraht
- Glanz-Lebensmittelfarbe (Pulver) in Weiß und Flieder
- Lebensmittelfarbe (Pulver) in Schwarz, Grau und Weiß
- Zahnbürste

1

Aus blauem Fondant eine große Kugel für den Rumpf und eine kleinere für den Kopf rollen.

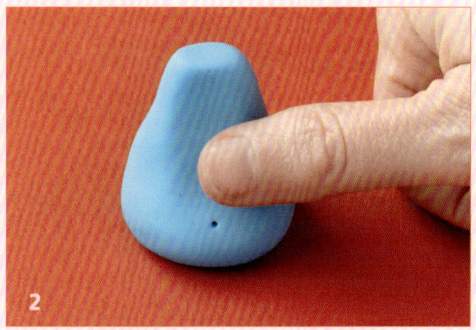

2

Die große Kugel zum Kegel formen und für den dicken Bauch die Vorderseite mit dem Daumen eindrücken.

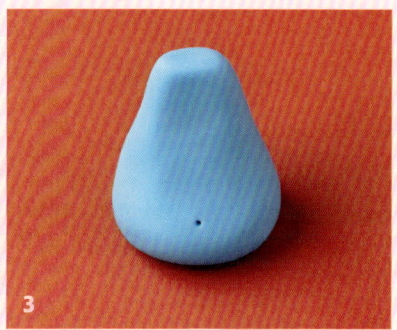

3

Mit einer Modelliernadel oder einem Zahnstocher den Bauchnabel andeuten.

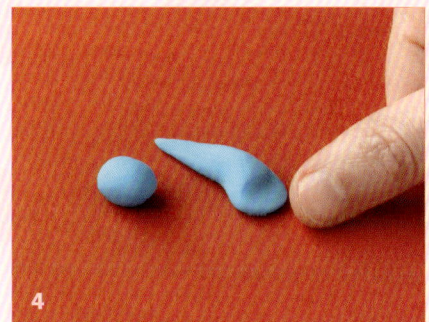

4

Für den Schwanz eine Kugel aus blauem Fondant zum länglichen Kegel formen und das breitere Ende flach drücken.

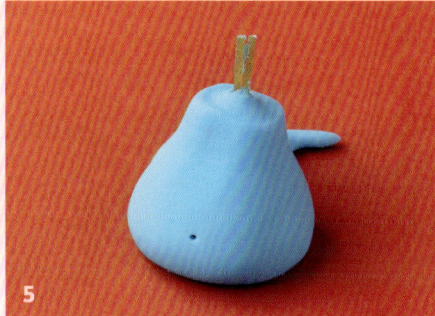

5

Das abgeflachte Ende des Schwanzes unter das Hinterteil des Rumpfes kleben. 1–2 Spaghettistücke in den Rumpf stecken.

6

Den Kopf zum Oval formen und auf den Rumpf setzen. Die Spaghetti sollen nicht mehr zu sehen sein.

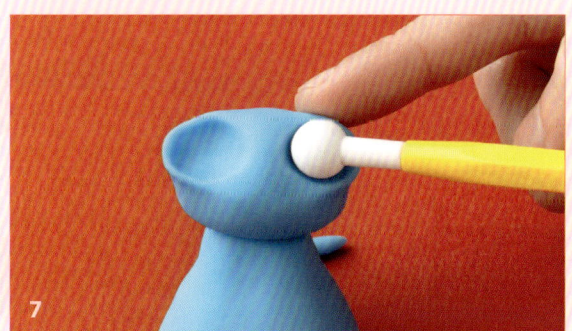

7

Mit einem großen Kugel-Modellierwerkzeug Augenhöhlen eindrücken. Dabei mit dem Finger gegenhalten, sodass schmale Ränder entstehen.

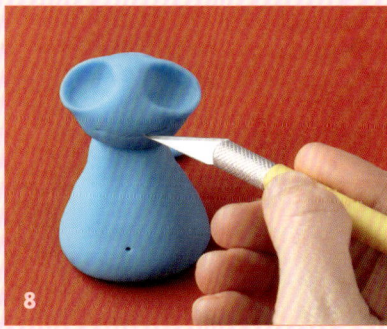

8

Mit dem Skalpell einen lächelnden Mund einritzen.

9

Für die Augen 2 Kugeln aus weißem Fondant halbieren. Die Kanten mit den Fingern glätten, dabei die Kugelhälften leicht oval formen.

EXTRATIPP
Für große Augen immer eine Kugel oder ein Oval rollen und halbieren. Ganze Kugeln würden zu weit vorstehen. Falls die Augen dennoch zu weit vorstehen, etwas Fondant von der Rückseite der Augen abschneiden.

10

Etwas grünen Fondant ausrollen und 2 Kreise (kleiner als die weißen Augen) ausstechen. Auf die Augen kleben *(siehe Extratipp, links)*.

11

In jeden grünen Kreis eine Mulde drücken und eine Kugel aus schwarzem Fondant als Pupille einsetzen.

12

Die fertigen Augen in die Augenhöhlen kleben.

13

Als Nase eine kleine Kugel aus rosa Fondant befestigen.

14

Einige Kugeln aus gelbem Fondant rollen, flach drücken und auf den Körper setzen. Die Kanten mit dem flachen Colour Shaper glätten.

EXTRATIPP
Flecken drücken Sie am besten zwischen den Fingern flach, bevor Sie sie auf den Körper setzen. Mit der Gummispitze eines Colour Shapers lassen sich die Übergänge zum Körper gut glätten.

15

2 kleine blaue Fondantkugeln auf den Oberkopf kleben. Hier werden später die Antennen eingesetzt.

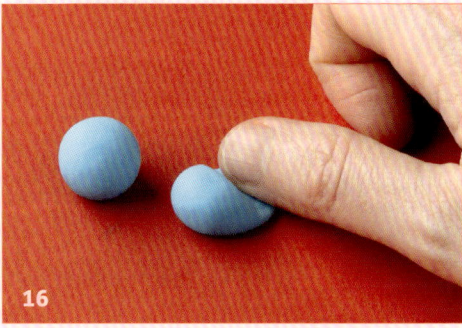

16

Für die Füße 2 Kugeln aus blauem Fondant rollen und jeweils eine Hälfte mit der Seite des Daumens flach drücken.

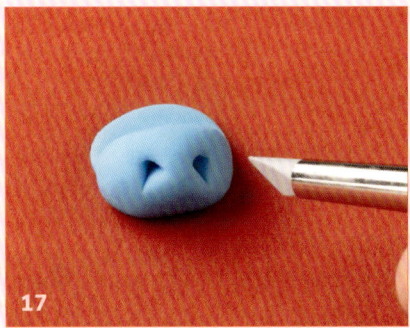

17

Mit einem Colour Shaper (Eck-Meißel) in die Vorderseite jedes Fußes 2 Vertiefungen drücken.

18

Die abgeflachten Enden der Füße schräg nach vorn gerichtet unter dem Rumpf festkleben.

EXTRATIPP
Bei Aliens dürfen Sie gern die Proportionen verzerren. Bertie hat z. B. überlange Arme und riesige Augen. Dadurch unterscheidet er sich von eher menschenähnlichen Figuren und sieht besonders »extraterrestrisch« aus.

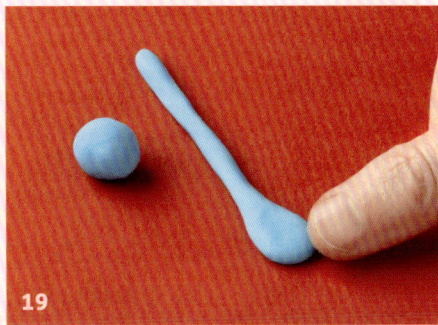

19

Für die Arme 2 Kugeln aus blauem Fondant rollen. Eine zu einer Wurst (länger als der Rumpf) mit einem runden verdickten Ende formen. Die Rundung flach drücken.

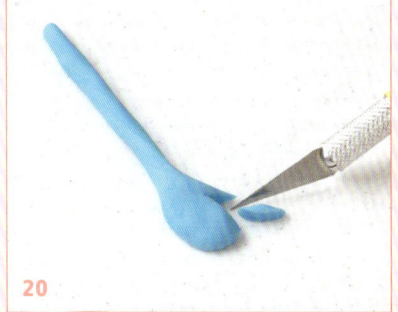

20

Das abgeflachte Ende ist die Hand. Einen Keil herausschneiden und den so entstandenen Daumen etwas kürzen.

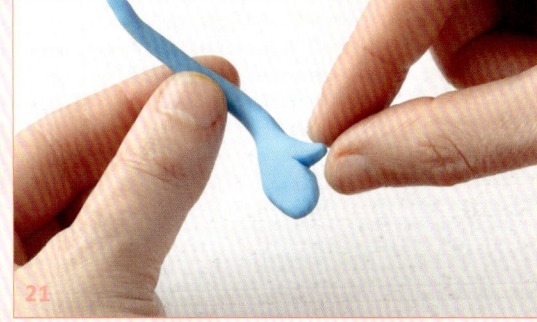

21

Alle Kanten der Alienhand mit Daumen und Zeigefinger vorsichtig glätten.

22

Schritt 19–21 für den anderen Arm wiederholen, dann beide Arme am Rumpf festkleben.

23

Jetzt sollte Ihr Alien ungefähr so aussehen.

24

Für die Antennen kleine weiße Fondantkugeln an dünnen, biegsamen Floristendraht befestigen.

EXTRATIPP
Wenn die Torte für Kinder ist, verwenden Sie bitte aus Sicherheitsgründen keinen Draht, sondern nur essbare Zutaten wie Stücke von abgerollten Lakritzschnecken oder gekrümmte, dünne Nudeln.

25

Die Kugeln mit Glanzpulver in Weiß und Flieder bestäuben.

26

Die Drahtenden der Antennen in essbaren Kleber tauchen und am Kopf befestigen.

27

So sieht der fertige Alien aus.

EXTRATIPP
Nicht vergessen: Je größer die Augen, desto niedlicher wirkt eine Figur. Diese Regel gilt für alle Figuren und bezieht sich nicht nur auf Menschenbabys.

Planet

Aus weißen Fondantrollen einen Ring als Kraterrand auf die Torte oder Tortenplatte legen.

Grauen Fondant ausrollen und damit die gesamte Torte oder Tortenplatte bedecken.

EXTRATIPP
Wenn Sie Farbe mit einer Zahnbürste auftragen, sollten Sie vorher die Umgebung des Arbeitsplatzes großflächig mit Zeitungspapier oder Folie abdecken.

Mit dem Kugel-Modellierwerkzeug Vertiefungen in die Oberfläche drücken.

Flüssige Farbe in Schwarz, Grau und Weiß anrühren *(siehe Seite 9)* und nacheinander mit einer Zahnbürste auf die Fondantdecke sprenkeln.

TORTEN-DESIGN
Ein Alien, der so niedlich aussieht, sitzt am besten mutterseelenallein auf seiner Torte. Die abgebildete Torte hat einen Durchmesser von 30 cm. Auf der großen Fläche wirkt Bertie erst so richtig einsam und verloren.

Gooba

VOM ROTEN PLANETEN

Die Größe der Figur können Sie selbst bestimmen. Vorlagen für die hier gezeigte Größe finden Sie auf Seite 184. Für die Figur brauchen Sie Fondantmasse in Grün, Weiß, Rosa, Schwarz und Blau. Für den Hintergrund wird roter Fondant verarbeitet.

1

Aus grünem Fondant eine große Kugel für den Rumpf und eine kleinere für den Kopf rollen.

2

Die größere Kugel zu einem Kegel formen.

3

Ein Stück Spaghetti in den Rumpf stecken und den Bauchnabel mit einem Nadel-Modellierwerkzeug andeuten.

EXTRATIPP
Der Bauchnabel ist ein kleines Detail, kann aber den Charme einer Figur enorm erhöhen.

4

Die kleinere Kugel für den Kopf eiförmig rollen.

5

Den Kopf auf den Rumpf setzen. Das Spaghettistück sollte nicht mehr zu sehen sein.

6

Augenhöhlen mit einem Kugel-Modellierwerkzeug eindrücken. Dabei mit einem Finger gegenhalten, sodass sich ein Rand bildet. Die Augenhöhlen sollten symmetrisch sein.

7

Mit einem flachen Colour Shaper die Stirn herausarbeiten.

8

Den Mund mit dem breiten Ende einer kleinen Spritztülle eindrücken.

9

An den Mundwinkeln mit einer Modelliernadel Grübchen andeuten.

10

Für die Augen 2 Kugeln aus weißem Fondant rollen und halbieren, sodass jede eine flache Rückseite hat.

11

Die Augen in die Augenhöhlen kleben.

12

Etwas rosa Fondant ausrollen, 2 Kreise ausstechen und auf die Augen kleben. 2 kleine schwarze Fondantkugeln als Pupillen daraufsetzen.

EXTRATIPP
Noch niedlicher wirkt die Figur, wenn die Augen nicht geradeaus schauen, sondern schräg nach oben, als würden sie die Tischgäste anblicken.

13

Jetzt sollte Ihr Außerirdischer ungefähr so aussehen.

14

Für ein Ohr einen Kegel aus grünem Fondant formen, die Spitze etwas zur Seite biegen und das breite Ende eindrücken.

15

Eine Kugel aus blauem Fondant in die Mulde setzen und flach drücken.

16

Schritt 14–15 für das zweite Ohr wiederholen, dann beide Ohren an den Kopf kleben.

17

Nun sieht der Alien so aus.

18

Eine lange, dünne Wurst aus blauem Fondant rollen und zu einem Kringel formen.

19

Den Kringel auf den Oberkopf kleben.

20

Für die Beine 2 Kugeln aus grünem Fondant rollen. Eine davon zum Kegel mit einem verdickten Ende modellieren.

21

Die Verdickung flach drücken und einen Fuß modellieren. Er sollte so groß wie möglich, aber nicht zu dünn werden.

22

An der Fußspitze mit einem kleinen Kugel-Modellierwerkzeug 4 Vertiefungen eindrücken.

23

In jede Vertiefung eine Kugel aus grünem Fondant kleben. Vom großen Zeh nach außen sollten die Kugeln kleiner werden.

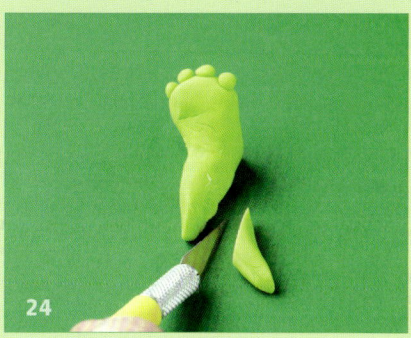

24 Das spitze Ende des Beins etwas kürzen.

25 Mit einem Skalpell in die Fußsohle feine Runzeln ritzen.

26 Für das zweite Bein Schritt 20–25 wiederholen, dann beide Beine mit essbarem Klebstoff seitlich am Rumpf befestigen.

27 Nun sieht der kleine Außerirdische so aus.

28 Für die Arme 2 grüne Fondantkugeln zu länglichen Kegeln mit runden verdickten Enden rollen.

29 An einem Arm das dicke Ende flach drücken: Das wird die Hand. Für den Daumen einen kleinen Keil aus der Hand schneiden.

30 Die Kanten der Hand vorsichtig mit Daumen und Zeigefinger glätten.

31 Den Daumen behutsam an die Handfläche drücken.

32 Schritt 29–31 für den anderen Arm wiederholen. Die Arme mit essbarem Klebstoff am oberen Rumpf befestigen.

33 Der fertige Alien sieht so aus.

Eugene, der Alien

1

2

3

Für die kleinen grünen Männchen die Rümpfe je 2 Füße und Arme formen *(siehe Gooba, Seite 107–109).*

Auch den Kopf wie zuvor beschrieben modellieren.

Den Kopf mit essbarem Klebstoff auf dem Rumpf befestigen.

Radar, der Alien

1

Landschaft

1

Auch dieser Kopf wird im Grunde wie die vorherigen geformt, allerdings etwas länglicher. Er wird hinter einem Kraterrand auf die Torte oder Tortenplatte gesetzt, sodass man den Körper nicht sieht – abgesehen von den Händen *(siehe Gooba, Schritt 29–31).*

Auf der Torte oder Tortenplatte einen roten Fondantring aufbauen, der hinten höher als vorn ist.

2

3

Die Torte oder Tortenplatte mit abgekühltem, abgekochtem Wasser einpinseln und eine rote Fondantdecke auflegen. Mit einem Modellierrad strahlenförmige Rillen ziehen.

Farbpulver in Rot, Rosa und Glanzpulver in Weiß mit Isopropylalkohol *(siehe Seite 9)* anrühren und mit dem Pinsel strahlenförmige Streifen auf die Oberfläche malen.

TORTEN-DESIGN
Für das Foto gegenüber habe ich Gooba und seine Freunde auf einer Tortenplatte arrangiert. Das Strahlenmuster passt auch sehr gut zu einer hohen Torte oder kleinen Cupcakes. Wichtig ist, dass das Muster der Form des Gebäcks folgt.

EXOTISCHE GESCHÖPFE

ROXY

DIE OKTOPUS-DAME

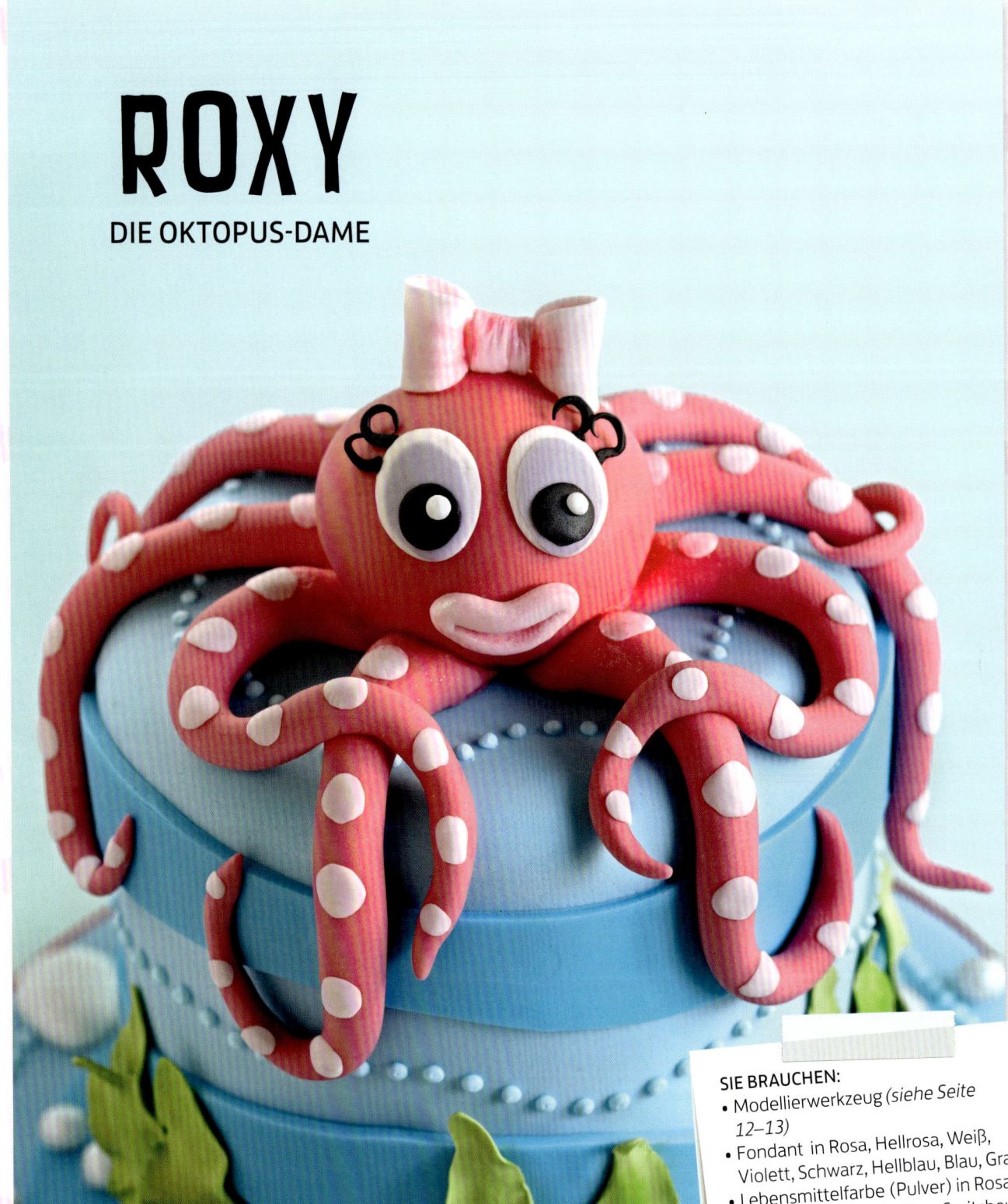

Die Größe der Figur können Sie selbst bestimmen. Vorlagen für die hier gezeigte Größe finden Sie auf Seite 186. Für die charmante Krakendame brauchen Sie Fondantmasse in Rosa, Weiß, Violett und Schwarz. Das Zubehör wird aus Fondant in Blau, Grau, Rosa, Weiß und Schwarz geformt.

SIE BRAUCHEN:

- Modellierwerkzeug (*siehe Seite 12–13*)
- Fondant in Rosa, Hellrosa, Weiß, Violett, Schwarz, Hellblau, Blau, Grau
- Lebensmittelfarbe (Pulver) in Rosa
- Eiweißspritzglasur in Blau, Spritzbeutel
- Glanz-Lebensmittelfarbe (Pulver) in Weiß und Grau
- Muschelmodeln
- Blütenpaste in Weiß und Lindgrün
- Blatt-Ausstechform
- Schaumstoffmatte

Für den Körper eine große Kugel aus rosa Fondantmasse rollen.

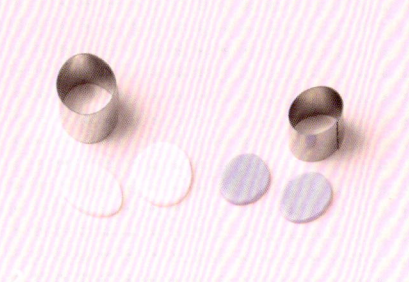

2 Ovale (ca. 2 cm hoch) aus weißem und 2 Ovale (ca. 1,5 cm hoch) aus violettem Fondant ausstechen.

Die Ovale übereinander als Augen auf den Körper kleben und mit einem flachen Colour Shaper alle Übergänge glätten.

2 Kreise aus schwarzem Fondant ausstechen (halb so große wie die violetten Ovale) und 2 kleine weiße Fondantkugeln daraufsetzen.

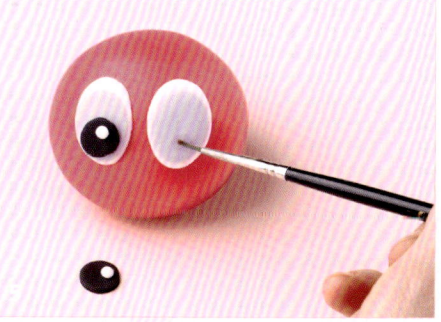

Die schwarzen Kreise mit den weißen Fondantkugeln auf die Augen kleben.

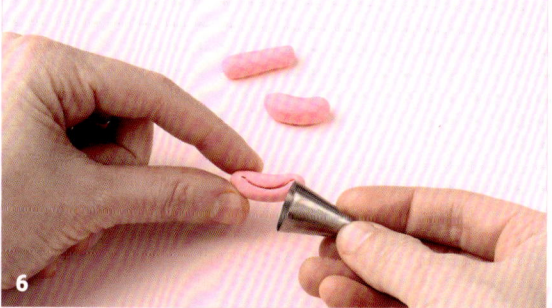

Für den Mund eine Wurst aus hellrosa Fondant leicht biegen. Mit dem breiten Ende einer kleinen Spritztülle ein Lächeln hineindrücken.

Den Mund aufkleben und mit etwas rosa Farbpulver bestäuben.

Für die Wimpern aus 4 kleinen schwarzen Fondantkugeln längliche Kegel rollen und zu Kringeln biegen.

Über jedem Auge 2 Wimpern festkleben.

EXTRATIPP
Wenn die Figur auf der Torte zusammengesetzt werden muss, legen Sie die Fondantdecke mindestens einen Tag vorher auf die Torte. Sonst ist sie zu weich und bekommt Dellen, wenn sie beim Dekorieren berührt wird.

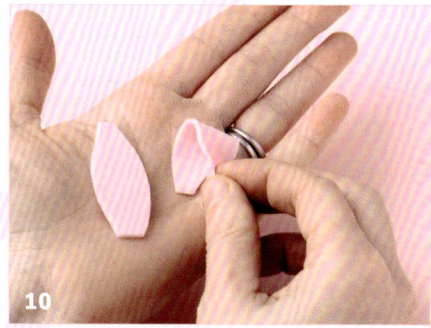

Für die Schleife 2 längliche Ovale aus hellrosa Fondant zuschneiden, die Spitzen aufeinanderlegen und zusammenkleben.

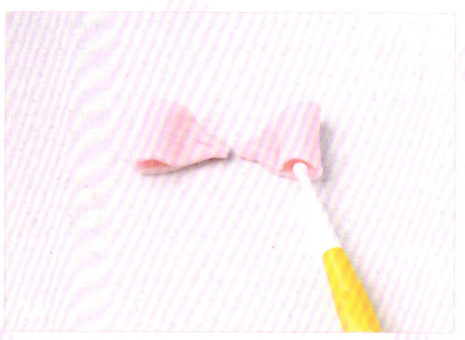

Falls Sie die Schleife versehentlich zusammendrücken, können Sie sie mit dem Kugel-Modellierwerkzeug wieder etwas öffnen.

Die Spitzen beider Schleifenhälften abschneiden, dann die Hälften zusammenkleben.

Einen Streifen hellrosa Fondant um die Mitte der Schleife legen und eventuell kürzen. Die Nahtstelle liegt auf der Rückseite.

Die Schleife auf den Kopf kleben und mit etwas rosa Farbpulver bestäuben (auch in die Falten der Schleife kann vor dem Aufkleben Farbe gestäubt werden).

Roxy wird direkt auf der Torte zusammengesetzt. Hüllen Sie die Torte in eine hellblaue Fondantdecke. Dann wellige Streifen in dunklerem Blau zuschneiden, um die Seiten legen und festkleben.

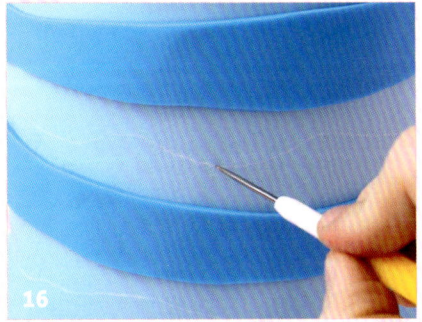

Mit einer Modelliernadel Linien einritzen. Sie dienen beim Spritzen der Punkte (Schritt 17) als Orientierung.

Blaue Eiweißspritzglasur in einen Spritzbeutel füllen und Punkte auf die Linien spritzen.

Jeweils nach 15–20 Punkten die Spitzen der Punkte mit einem feuchten Pinsel glätten. Die Punkte sollen möglichst rund sein.

Für ein Bein eine rosa Fondantkugel zu einem ca. 15 cm langen schlanken Kegel formen. Das breite Ende mit dem Daumen etwas eindrücken.

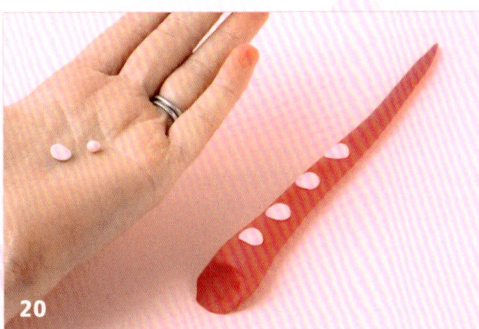

Hellrosa Fondantkugeln auf einem Bein anordnen und beim Ankleben flach drücken.

EXTRATIPP
Kinder stören sich nicht an unrealistischen Farben, darum dürfen Sie es ruhig bunt treiben. Die Erkennbarkeit einer Figur beruht auf ihren Hauptmerkmalen, in diesem Fall den acht Armen oder Beinen des Oktopus.

Das Bein krümmen.

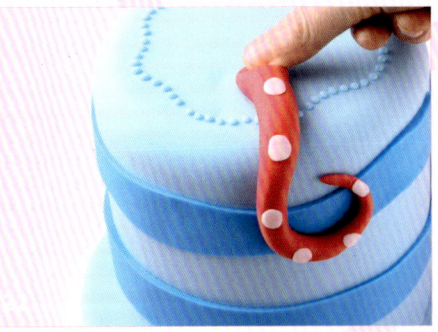

Das Bein auf die Torte kleben (die Mitte der Torte mit einem Punkt markieren und alle Beine im gleichen Abstand befestigen).

Weitere 7 Beine formen und um die Mitte der Torte anordnen. Den Körper aufkleben oder, wenn er höher sitzen
soll, als Unterbau noch einen Ring aus rosa Fondant
anbringen.

So sieht die fertige Oktopus-Dame aus.

Benji, die Muschel

Aus grauer Fondantmasse eine Kugel mit
ca. 4 cm Durchmesser rollen.

Die Kugel in 2 Hälften schneiden.

Die Schnittkanten zwischen Daumen und Zeigefinger zusammendrücken, bis sie rund und wellig
sind.

Mit einem Kugel-Modellierwerkzeug 2 Vertiefungen für die Augen eindrücken, dann auf der ganzen Oberfläche eine Muschelstruktur andeuten.

Für die Zunge einen Halbkreis aus
rosa Fondant ausschneiden und in
die Mitte eine Rille drücken.

EXTRATIPP
Wenn Sie mit Eiweißglasur spritzen,
stellen Sie immer eine kleine Schüssel
mit Wasser und einen Pinsel bereit.
Selbst Geübte produzieren gelegent-
lich mit der Glasur kleine Spitzen, die
sich mit einem feuchten Pinsel aber
leicht glätten lassen.

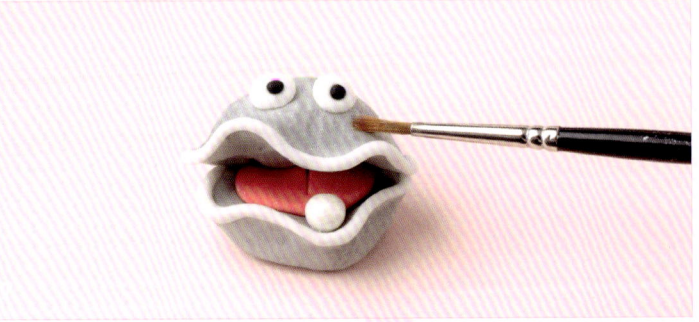

Die Kugelhälften an einer Seite zusammenkleben. Wenn der Mund nicht offen bleibt, am hinteren Ende der Zunge eine rote Fondantkugel anbringen. 2 weiße Fondantwürste als Lippen ankleben.

2 weiße Fondantkugeln als Augen aufkleben und kleinere schwarze Fondantkugeln als Pupillen anbringen. Die Muschel mit Glanzpulver in Grau und Weiß bestäuben.

Perlen und Muscheln

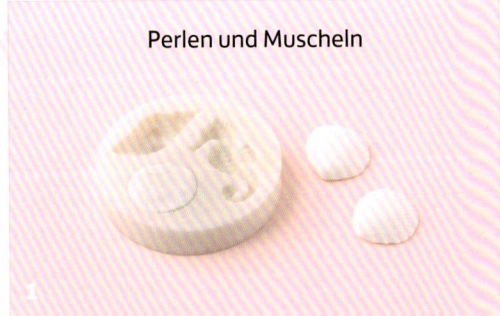

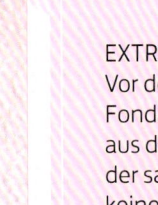

EXTRATIPP
Vor dem Herauslösen von Fondant oder Blütenpaste aus der Model die Motivränder sauber abziehen. Es darf keine Masse überstehen.

Mit Fondantmasse oder Blütenpaste in Weiß verschiedene Muscheln in einer Model formen *(siehe Extratipp, rechts).*

Die Muscheln mit weißem Glanzpulver bestäuben. Für Perlen einfach kleine weiße Fondantkugeln durch das Pulver rollen. Die Torte mit den Muscheln und Perlen verzieren.

Seetang

Aus lindgrüner Blütenpaste mehrere längliche Blattformen ausstechen.

Die Blätter auf einer Schaumstoffmatte mit einem Kugel-Modellierwerkzeug bearbeiten, bis sie sich wellen, dann an die Seiten der Torte kleben.

TORTEN-DESIGN
Der Oktopus wird auf der vorbereiteten Torte zusammengesetzt. Dabei ist wichtig, dass seine Größe zum Tortendurchmesser passt. Die abgebildete Torte hat einen Durchmesser von ca. 18 cm und eine Höhe von ca. 15 cm. Kleinere Oktopusse auf Cupcakes werden ebenfalls so geformt, dass ihre Beine an den Seiten herabhängen.

BOOMER
DER FISCH

SIE BRAUCHEN:
- Modellierwerkzeug (*siehe Seite 12–13*)
- Fondant in Gelb, Weiß, Blau, Schwarz und Rot
- Lebensmittelfarbe (Pulver) in Rot, Orange und Gelb
- Lebensmittelstift in Schwarz
- Dunkle Modellierschokolade
- Floristendraht
- Nähgarn
- Blütenpaste in Schwarz

Die Größe der Figur können Sie selbst bestimmen. Vorlagen für die hier gezeigte Größe finden Sie auf Seite 187. Sie benötigen für den Fisch Fondantmasse in Gelb, Weiß, Blau und Schwarz. Für das Zubehör brauchen Sie Fondant in Rot, Blau und Weiß, dunkle Modellierschokolade und schwarze Blütenpaste.

1 Aus gelber Fondantmasse eine große Kugel für den Körper rollen.

2 Die Kugel zu einem Kegel formen.

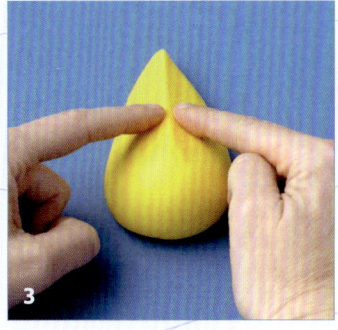

3 Den Kegel zwischen den Fingern zusammendrücken, um den Grat auf dem Rücken zu modellieren.

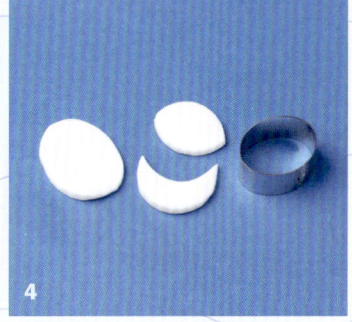

4 Für die Zähne aus weißem Fondant ein ca. 4 cm hohes Oval ausstechen. Einen Teil abstechen, um einen Halbmond zu erhalten.

5 Den Halbmond für die Zähne auf den breiten Teil des gelben Kegels kleben.

6 Mit einem Kugel-Modellierwerkzeug Augenhöhlen eindrücken, dabei mit dem Finger gegenhalten, sodass ein Rand entsteht.

7 Mit einem Modellierrad die Konturen der Zähne in den weißen Halbmond einritzen.

8 Einen dünnen Strang aus gelbem Fondant rollen und in 2 Hälften schneiden.

9 Eine Hälfte oberhalb der Zähne aufkleben, die andere Hälfte unterhalb.

10 An den Mundwinkeln die Übergänge mit einem spitzen Colour Shaper glätten.

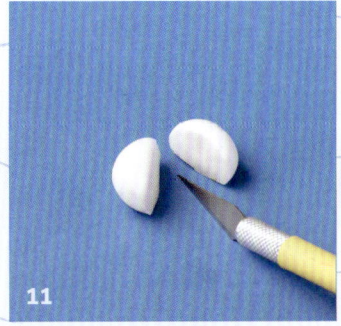

11 Für die Augen eine ca. 1 cm große Kugel aus weißem Fondant rollen und in 2 Hälften schneiden.

12 Die Ränder glätten. Die Unterseite muss gerade sein, die Oberseite gewölbt.

13 Die Augen mit den gewölbten Seiten nach oben in die Augenhöhlen kleben.

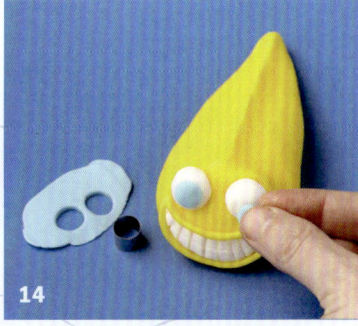

14 Etwas hellblauen Fondant ausrollen, 2 kleine Kreise ausstechen und auf die Augen kleben.

15

Auf die blauen Kreise 2 kleine Kugeln aus schwarzem Fondant kleben.

16

Für die Augenlider 2 gelbe Kreise ausstechen, dann den oberen Teil abstechen, sodass Halbmonde entstehen.

17

Die Halbmonde um die Augen kleben, dabei die seitlichen Spitzen etwas einschlagen.

18

In 1 mm Abstand zum hinteren Lidrand mit einem flachen Colour Shaper entlangfahren, sodass ein kleiner Wulst entsteht.

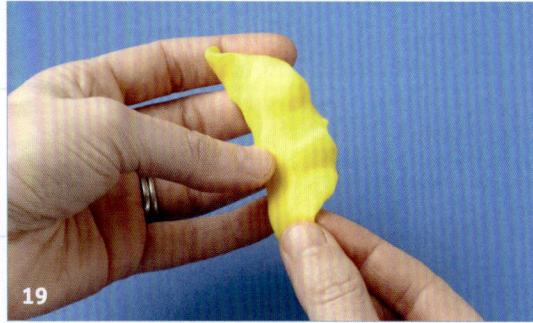

19

Für die Rückenflosse eine Wurst aus gelbem Fondant rollen, flach drücken und bogenförmig modellieren. Die Ränder des Fondants zusammendrücken, sodass sie wellig werden.

20

Für die Schwanzflosse eine Kugel aus gelbem Fondant flach drücken und zu einem Tropfen mit welligen Rändern formen.

Auf beiden Flossen mit einem Modellierrad Rillen andeuten. Mehrmals über dieselben Bereiche fahren, sodass die Ränder stellenweise einreißen.

22

Essbaren Kleber auf den Grat auftragen, der in Schritt 3 modelliert wurde. Die Rückenflosse daraufkleben.

23

Die Flosse auf beiden Seiten mit den Fingerspitzen sorgfältig andrücken.

24

Die Schwanzflosse am Hinterteil des Fischs festkleben.

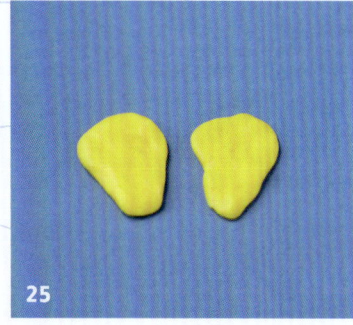

25

Für die seitlichen Flossen 2 gelbe Fondantkugeln zu flachen Tropfen modellieren.

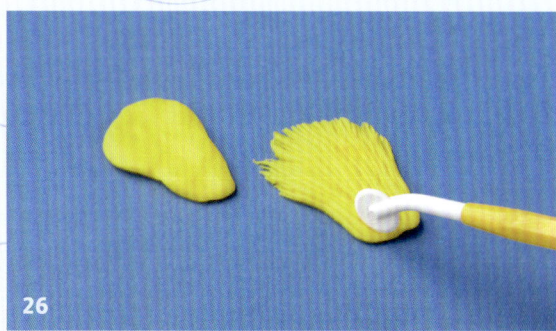

26

Ebenfalls Rillen mit dem Modellierrad ziehen, bis der Rand der Flossen stellenweise einreißt.

27

Das schmale Ende einer Flosse seitlich hinter dem Kopf des Fischs festkleben.

28

Die Flosse um einen Pinselstiel biegen und die breite Seite neben dem Mund festkleben.

EXTRATIPP
Selbst Tiere, die nicht so schön anzusehen sind – z. B. Fische und Schildkröten –, können durch bewusst übertriebene Gesichtszüge wie große Augen oder ein breites Lächeln unwiderstehlich niedlich aussehen.

29

Die Spitze der zweiten Flosse an die andere Seite des Kopfes kleben. Die Breitseite der Flosse bleibt lose.

30

Mit einem u-förmigen Modellierwerkzeug Schuppen auf dem ganzen Körper andeuten. Vom Kopf in Richtung Schwanz arbeiten.

31

Den Körper mit Farbpulver in Rot, Orange und Gelb bestäuben.

32

An den Ansätzen der Flossen etwas dunklere Farbtöne aufstäuben.

EXTRATIPP
Für manche Figuren werden Mischfarben benötigt. Statt den ganzen Fisch mit Farbpulver in Orange zu bestäuben, habe ich Farbpulver in Rot, Orange und Gelb verwendet. Dadurch wirkt sein Schuppenkleid nuancenreicher, interessanter und realistischer.

33

So sieht der fertige Fisch aus.

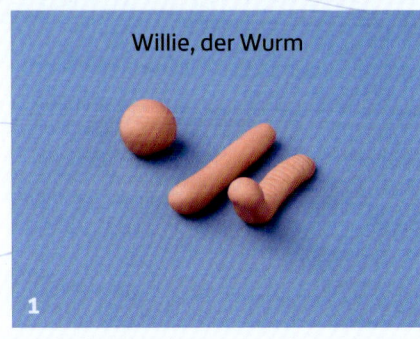

Willie, der Wurm

1

Eine Kugel aus rotem Fondant zur Wurst rollen. Für den Kopf ein Ende der Wurst aufrichten.

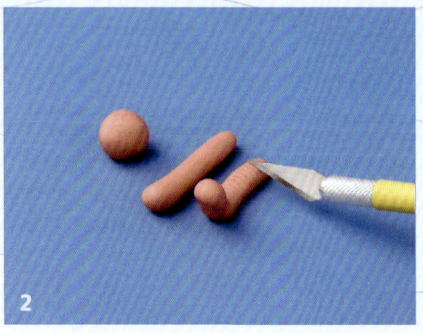

2

Mit dem Skalpell Linien auf dem Rücken des Wurms einritzen.

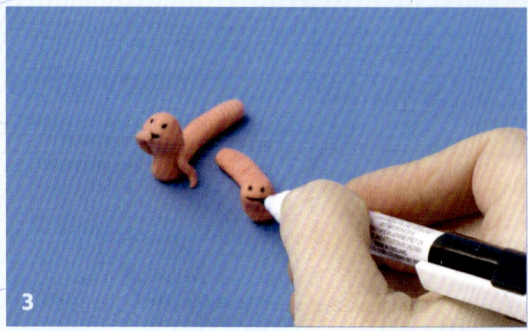

3

Das Gesicht mit einem schwarzen Lebensmittelstift aufmalen. Sie können noch kleine rote Fondant-würste als Arme am Körper des Wurms befestigen.

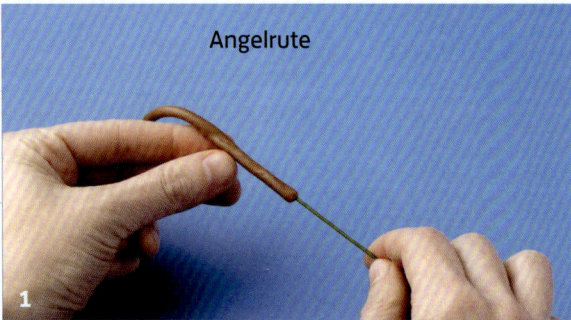

Angelrute

1

Eine dünne Wurst aus dunkler Modellierschokolade rollen und einen Floristendraht hineinschieben (wenn die Angel essbar sein soll, eine dickere Wurst rollen und mit Spaghetti versteifen).

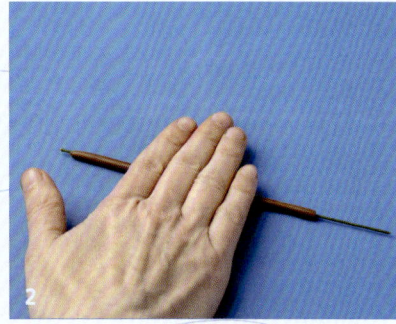

2

Danach die Schokolade auf der Arbeitsfläche rollen, um die Oberfläche wieder zu glätten.

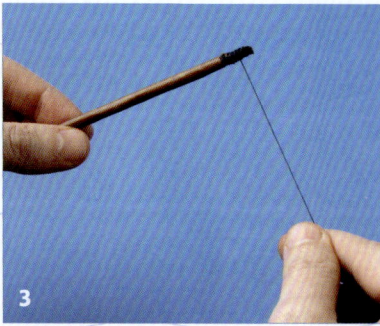

3

Nähgarn um das Ende der Angelrute wickeln.

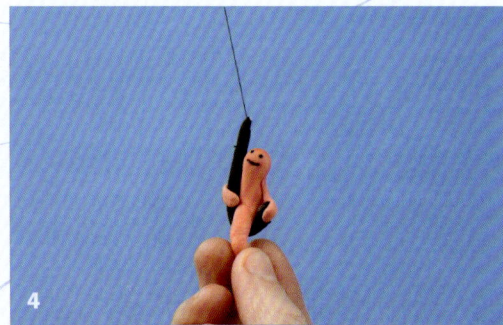

4

Einen Haken aus schwarzer Blütenpaste modellieren und am anderen Ende des Nähgarns befestigen. Trocknen lassen, einen Wurm daran kleben, die Arme um den Haken legen.

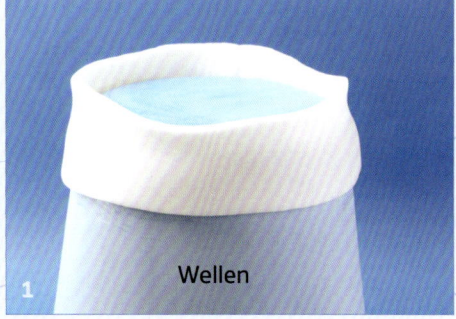

Wellen

1

Die Torte mit einer blauen Fondantdecke überziehen. Einen welligen Streifen weißen Fondant um die Torte legen und etwas über den Rand hinausstehen lassen.

2

Unter diesem Streifen und auf seinem unteren Rand essbaren Kleber auftragen.

3

Einen zweiten Fondantstreifen aufkleben. Bei einer hohen Torte noch einmal weißen, bei einer niedrigeren einen hellblauen Fondant verwenden.

4

Weitere Fondantstreifen ebenso festkleben, bis die Torte ganz bedeckt ist. Um abgestufte Blautöne zu erhalten, für jeden Streifen mehr blaue Lebensmittelfarbe unter den Fondant kneten.

TORTEN-DESIGN
Dieser Fisch thront auf einem wahren Tortenturm. Ich habe 2 Teigböden mit 15 cm Höhe und einen mit 10 cm aufgeschnitten, geschichtet, konisch zugeschnitten und dann in Fondantmasse gehüllt. Die Wellentechnik kann auch gut für Gras, Sand oder Feuer verwendet werden.

TONTO
DIE SCHILDKRÖTE

Die Größe der Figur können Sie selbst bestimmen. Vorlagen für die hier gezeigte Größe finden Sie auf Seite 186. Für die Schildkröte wird Fondantmasse in Grüntönen, Weiß, Blau und Schwarz verarbeitet. Für das Zubehör benötigen Sie Fondantmasse in Rosa, Gelb, Grün, Blau und Rot sowie Blütenpaste in Weiß und Grün.

1

Etwas hellgrünen Fondant ca. 3 mm dick ausrollen und ein Oval von 7 cm Höhe ausstechen.

2

Fondantmasse in dunklerem Grün ca. 10 mm dick ausrollen und ein Oval in derselben Größe ausstechen.

3

Das dunkelgrüne Oval auf das helle kleben.

4

Den Fondant mit den Fingern rund wie einen Schildkrötenpanzer modellieren. Er muss nicht perfekt ausfallen, weil er später verdeckt wird.

5

Für die hinteren Flossen 2 hellgrüne Fondantkugeln rollen, flach drücken und die Enden leicht abrunden.

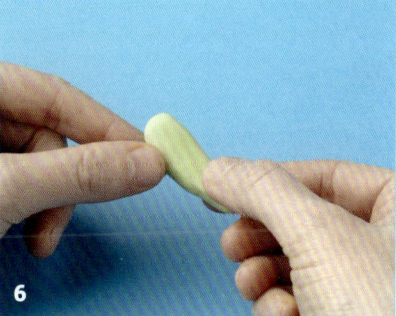

6

Für die vorderen Flossen 2 hellgrüne Fondantkugeln zu langen, flachen Kegeln modellieren.

7

Mit dem Skalpell 4 Löcher zum Einsetzen der Flossen in den Körper schneiden.

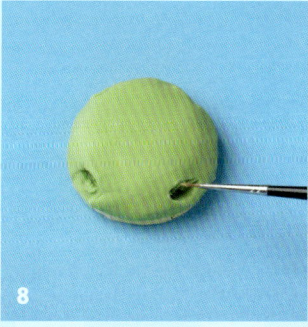

8

In jedes Loch etwas essbaren Kleber geben.

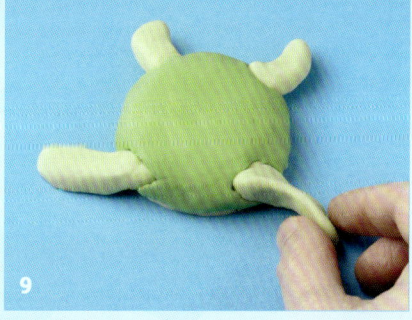

9

Die Flossen in die Löcher einsetzen. Eine Vorderflosse leicht hochbiegen. Später wird eine Muschel unter sie geschoben.

EXTRATIPP
Die Flossen werden in verschiedenen Stellungen befestigt. So wirkt es, als würde sich die Schildkröte bewegen.

10

Dunkelgrünen Fondant ausrollen und daraus ein größeres Oval (ca. 8 cm Höhe) ausstechen.

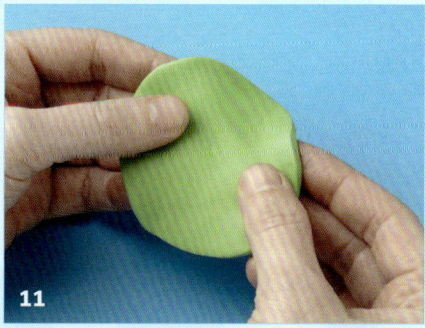

11

Das Oval auf den Körper der Schildkröte legen. Wenn das Oval zu klein ist, dehnen Sie es vorsichtig.

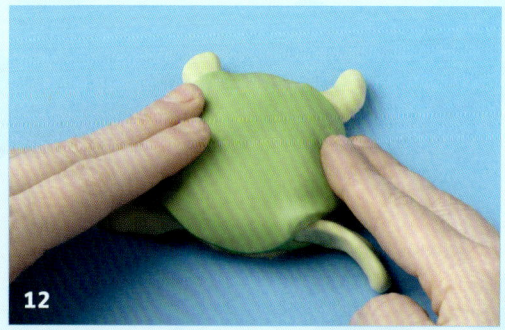

12

Das Oval als Panzer auf den Körper legen. Dabei werden die Ansätze der Flossen verdeckt.

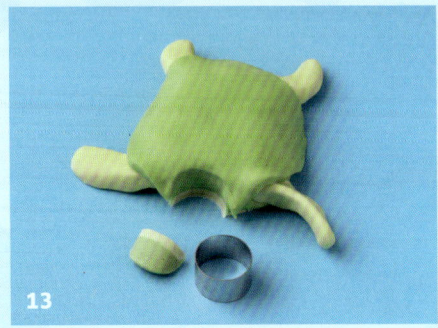

13

Am vorderen Körper mit einer runden Ausstechform ein Stück entfernen. Hier wird später der Hals angefügt.

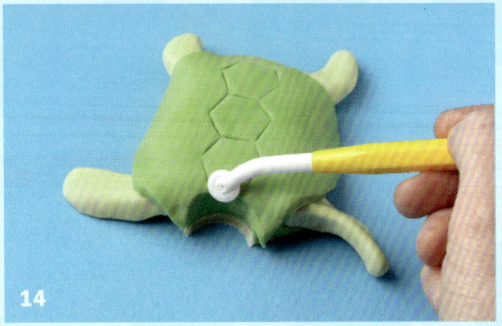

14

Mit einem Modellierrad ein Sechseck-Muster in den Panzer ritzen. Es muss nicht perfekt aussehen.

15

In 3 mm Abstand zum Rand eine umlaufende Rille in den Panzer ritzen.

16

Den Panzer mit Farbpulver in verschiedenen Grüntönen bestäuben – nicht zu gleichmäßig, das sieht realistischer aus.

17

Das dunkelste grüne Farbpulver mit Isopropylalkohol anrühren und die Sechseck-Linien mit einem dünnen Pinsel nachziehen.

18

Hellgrünes Farbpulver wie in Schritt 17 anrühren und Punkte auf die Flossen malen.

19

Die Punkte mit dunklerem Grün umranden.

EXTRATIPP
Schildkröten strecken den Hals aus ihrem Panzer hervor. Solche typischen Merkmale sollten Sie bei Ihrer Figur aufgreifen.

20

Jetzt sieht die Schildkröte so aus. Prüfen Sie, ob die Flossen fest sitzen.

21

Für den Hals eine hellgrüne Fondantkugel zu einem Kegel formen.

22

Den Hals in die Aussparung am Vorderkörper kleben, dann 2 Spaghettistücke hineinstecken.

23

Für den Kopf eine Kugel aus hellgrünem Fondant rollen.

24

Mit einem großen Kugel-Modellierwerkzeug die Augenhöhlen eindrücken. Dabei mit dem Finger gegenhalten, sodass ein Wulst entsteht.

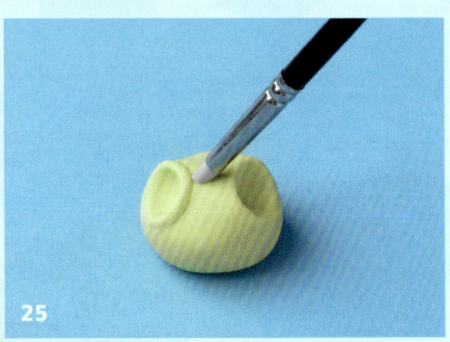

25

Die Wülste um die Augen mit einem flachen Colour Shaper stärker herausarbeiten.

26

Mit angerührtem Farbpulver hellgrüne Flecken mit dunklerem Rand auf den Kopf malen, dann mit dem breiten Ende einer Spritztülle den Mund eindrücken.

27

Den Kopf auf die Spaghetti im Hals stecken und festkleben.

28

Für die Augen eine 1 cm große weiße Fondantkugel halbieren.

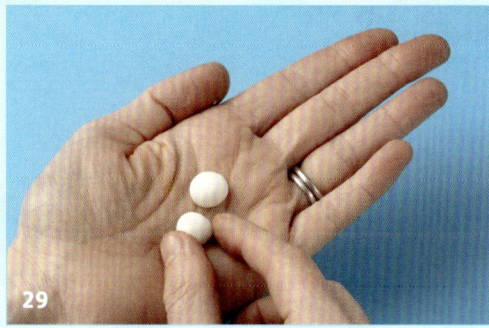

29

Die Schnittkanten beider Halbkugeln mit den Fingern glätten.

31

Die Augen in die Augenhöhlen kleben. Nun ist die Schildkröte fertig.

30

Auf die weißen Halbkugeln 2 Kreise aus hellblauem Fondant, dann 2 Kreise aus schwarzem und schließlich 2 kleine Kugeln aus weißem Fondant kleben.

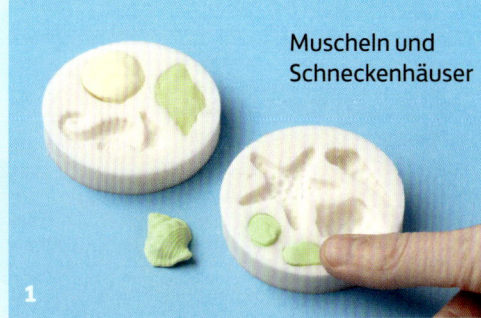

Muscheln und Schneckenhäuser

1

Blütenpaste (oder eine 1:1-Mischung aus Blütenpaste und Fondantmasse) in eine Muschel-Model drücken. Überstehende Masse abziehen, dann die Muscheln herausnehmen.

2

Mehrere Muscheln in Rosa, Hellgelb, Hellgrün und Hellblau formen.

3

Die Muscheln dünn mit Farbpulver in verschiedenen Farbtönen bestäuben.

Anschließend Glanzpulver darüberstäuben, damit die Muscheln schön schimmern.

Schneckenhäuser mit rotem und grünem Farbpulver bestäuben, dann mit Glanzpulver nacharbeiten.

So sehen die fertigen Muscheln und Schneckenhäuser aus.

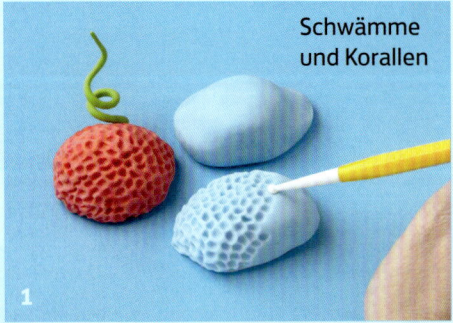

Schwämme und Korallen

Für Schwämme Fondantkugeln in verschiedenen Farben rollen und mit einem kleinen Kugel-Modellierwerkzeug die Oberfläche strukturieren.

Die Oberfläche einiger Schwämme mithilfe eines Modellierrads gitterförmig einritzen.

Auch mithilfe einer spitzen Schere lässt sich ein interessantes Muster gestalten.

EXTRATIPP
Die Muster von Meerespflanzen können auch mit einem Schwamm, grobem Stoff, einer Gabel oder einem Stück Spitze gestaltet werden.

Das breite Ende eines Fondantkegels (beliebige Farbe) mit einem großen Kugel-Modellierwerkzeug eindrücken. Mehrere solcher Korallen formen.

Wenn Sie möchten, können Sie den Rand der Korallen noch mit einem Modellierrad strukturieren.

TORTEN-DESIGN
Für das Bild rechts habe ich eine 10 cm hohe Torte mit 18 cm Durchmesser verwendet. Der Seetang wird in die Fondantdecke und die Korallen gedrückt. Muscheln und Pflanzen verdecken die Ansatzstellen. Je farbenfroher die tropische Unterwasserwelt ist, umso besser.

Weiße Blütenpaste ausrollen und Löcher in verschiedenen Größen ausstechen. Das Stück mit den Löchern etwas biegen und mindestens 2 Stunden trocknen lassen.

Grüne Blütenpaste ausrollen und lange, schmale Dreiecke ausschneiden. Beide Enden festhalten und drehen. 24 Stunden (besser 48 Stunden) trocknen lassen.

CHARLIE

DER PAPAGEI

Die Größe der Figur können Sie selbst bestimmen. Vorlagen für die hier gezeigte Größe finden Sie auf Seite 187. Sie brauchen für den Papagei Fondant in Grün, Gelb, Weiß, Blau und Schwarz. Für das Zubehör wird Fondant in Weiß, Rosa und Hellgrün, Modellierschokolade sowie Blütenpaste in Weiß, Grün und Rosa benötigt.

SIE BRAUCHEN:
- Modellierwerkzeug (siehe Seite 12–13)
- Fondant in Grün, Gelb, Weiß, Blau, Schwarz und Rosa
- Trinkhalm
- Braunes Floristenband und -draht
- Dunkle Modellierschokolade
- Blüten-Ausstechformen
- Blütenpaste in Weiß, Grün und Rosa
- Glanz-Lebensmittelfarbe (Pulver) in Violett und Weiß
- Lebensmittelfarbe (Pulver) in Grün, Braun und Creme
- Große Blütenblatt-Ausstechformen
- Weiße Staubgefäße aus Plastik

1 Für den Körper eine Kugel aus grünem Fondant rollen.

2 Den oberen Teil für den Hals dünner formen. Der untere Teil bleibt relativ breit.

3 Ein Stück Spaghetti in den Körper stecken und oben etwas herausstehen lassen.

4 Den Körper an einer Seite mit Daumen und Zeigefinger spitz zusammendrücken. Hier wird später der Schwanz befestigt.

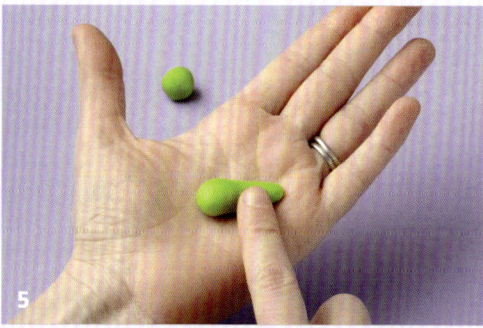

5 Für die Flügel 2 Kugeln aus grünem Fondant zu Kegeln formen.

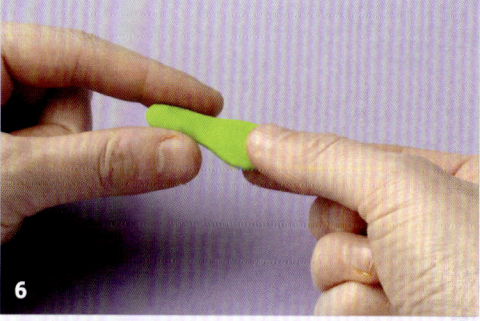

6 Einen Kegel zwischen Daumen und Zeigefinger flach drücken.

7 Den Flügel seitlich am Körper festkleben.

8 Schritt 6–7 für den zweiten Flügel wiederholen.

9 Jetzt sieht der Papagei so aus.

10 Für das Flügelgefieder mehrere kleine Kugeln aus Fondantmasse in dunklerem Grün rollen und flach drücken.

11 Jede Feder an einem Ende spitz formen.

EXTRATIPP
Papageien sehen am realistischsten aus, wenn Sie für sie Fondantmasse in Rot, Blau, Gelb oder Grün verwenden. Für einen Tukan brauchen Sie die Anleitung nur leicht abzuwandeln.

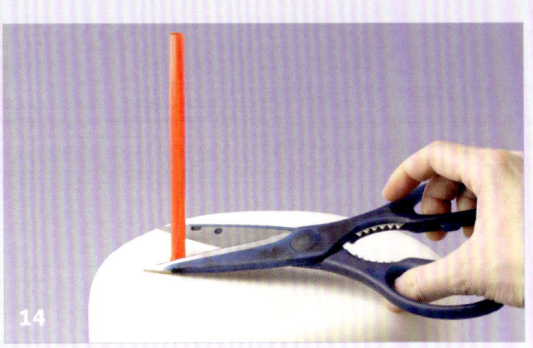

Die Federn überlappend auf die Flügel kleben, dabei hinten unten beginnen.

Nun sehen die Flügel so aus.

Für den Zweig, auf dem der Papagei sitzt, einen stabilen Trinkhalm in die Torte stecken und bündig mit der Oberfläche abschneiden.

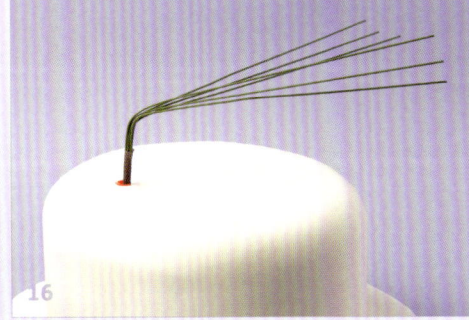

6–8 Floristendrähte teilweise mit braunem Floristenband umwickeln. Die Wicklung muss ca. 3 cm höher als die Torte sein.

Das Drahtbündel in den Trinkhalm stecken und ca. 3 cm über der Tortenoberfläche rechtwinklig umbiegen.

EXTRATIPP
Aus Hygienegründen darf der Floristendraht nicht mit der Torte in Berührung kommen. Deshalb werden die Drähte vollständig mit Floristenband umwickelt und in einen stabilen, nicht zu dünnen Trinkhalm gesteckt. Alternativ können Sie auch ein Kunststoffröhrchen für Blumen verwenden.

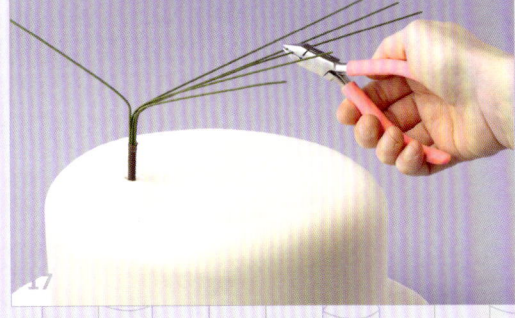

Die Drähte mit einer Zange abkneifen und so biegen, dass 2 Hauptäste und mehrere Zweige entstehen.

Alle Drähte mit braunem Floristenband umwickeln.

Nun die umwickelten Drähte mit dunkler Modellierschokolade umhüllen.

Die Schokolade mit den Fingern glätten. Durch das darunter liegende Band erhalten die Zweige eine realistische unregelmäßige Oberfläche.

Einen spitzen Colour Shaper in Wasser tauchen und unerwünschte Unebenheiten in der Schokolade behutsam glätten.

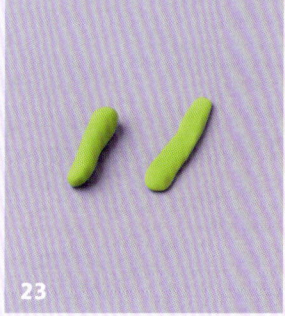

Den Papagei auf 2 Äste setzen, damit er eine stabile Position hat. Sie können ihn auch zusätzlich festkleben.

Für die Schwanzfedern 3 längliche Kegel aus dunkelgrünem Fondant flach drücken.

Die Schwanzfedern an die Spitze am Hinterteil des Vogels kleben.

EXTRATIPP
Wenn die Krallen des Papageis den Zweig umfassen sollen, können Sie die Füße tiefer einschneiden und vorsichtig um den Zweig biegen.

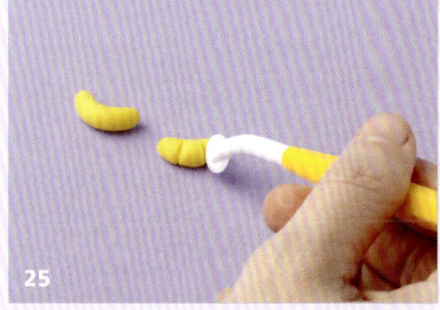

Für die Füße 2 Halbmonde aus gelbem Fondant modellieren und auf jedem mit dem Modellierrad 2 Rillen einritzen.

Die Füße vor dem Bauch des Vogels an den Zweig kleben.

Für den Kopf aus grünem Fondant eine Kugel rollen und eiförmig modellieren.

Mit einem Kugel-Modellierwerkzeug die Augenhöhlen eindrücken. Eine ovales Loch zum Einsetzen des Schnabels schneiden.

Kleine dünne Kegel aus grünem Fondant und die restlichen Federn von den Flügeln auf dem Kopf befestigen.

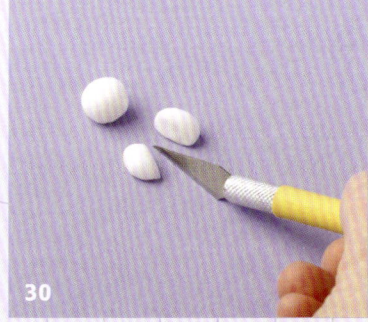

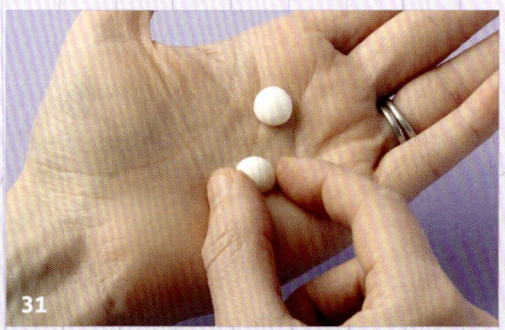

Für die Augen eine Kugel aus weißem Fondant rollen und in 2 Hälften schneiden.

Die Schnittkanten mit den Fingern glätten. Die Augen sollten flache Unterseiten und gewölbte Oberseiten haben.

Auf jedes Auge einen Kreis aus hellblauem Fondant kleben. In die Mitte eine Vertiefung für die Pupille drücken.

33 2 kleine Kugeln aus schwarzem Fondant als Pupillen befestigen, dann die Augen in die Augenhöhlen kleben.

34 Für die Augenlider 2 dünne Würste aus grünem Fondant rollen. Die Würste krümmen und oberhalb der Augen aufkleben.

35 Den Kopf auf den Körper stecken und festkleben.

EXTRATIPP
Der Schnabel ist etwas knifflig. Halten Sie die abgeflachte Kugel an den Kopf des Vogels, um sicherzugehen, dass sie weder zu groß noch zu klein ist.

36 Bevor der Kleber vollständig trocknet, kann die Haltung des Kopfes noch korrigiert werden.

37 Für den Schnabel eine gelbe Fondantkugel flach drücken. Eine gekrümmte Linie einritzen *(siehe Extratipp, rechts).*

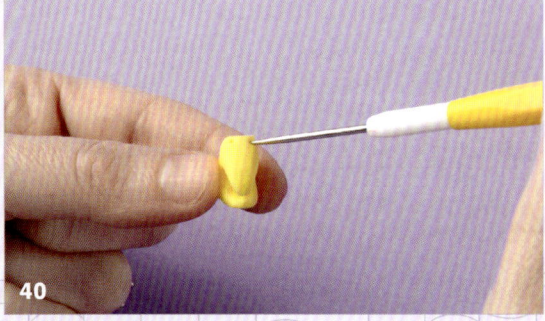

38 Den mittleren Teil aus der Kugel herausschneiden.

39 Den hinteren Bogen der Kugel mit einer runden Ausstechform abtrennen und beiseitelegen.

40 Auf dem oberen Schnabel 2 Nasenlöcher mit einer Modelliernadel andeuten.

EXTRATIPP
Den Schnabel vor dem Festkleben trocknen lassen, dann verformt er sich beim Befestigen nicht so leicht.

41 Den Schnabel in die Vertiefung kleben, die in Schritt 28 ausgehöhlt wurde *(siehe Extratipp, links).*

42 Prüfen Sie, ob der Schnabel auch von der Seite gut aussieht.

EXTRATIPP
2 Zweige geben dem Vogel guten Halt. Weil die Füße nur am vorderen Zweig befestigt sind, sieht es aus, als würde er nur auf diesem sitzen. Sie können den Vogel auch direkt auf die Torte setzen. Bringen Sie die Schwanzfedern dann waagerecht an und fächern Sie sie auf der Torte auseinander.

43

Der Schnabel darf von vorn nicht zu groß wirken. So könnte Ihr fertiger Papagei aussehen.

Kleine Blumen

1

Weiße Blütenpaste ausrollen und kleine Blüten ausstechen. Auf einer Schaumstoffunterlage für Blumen trocknen lassen, damit sie sich krümmen. Glanzpulver in Weiß und Violett aufstäuben.

Blätter

1

Hellgrüne Blütenpaste ausrollen und verschiedene Blätter ausstechen. Unterschiedliche Zackenmuster in die Kanten schneiden. Dann mit einem Modellierrad die Blattadern andeuten.

2

Die Blätter etwas krümmen und mindestens 2 Stunden (besser 24 Stunden) trocknen lassen. Dann mit grünem Farbpulver bestäuben. Einige Blätter und Blüten an die Zweige kleben.

3

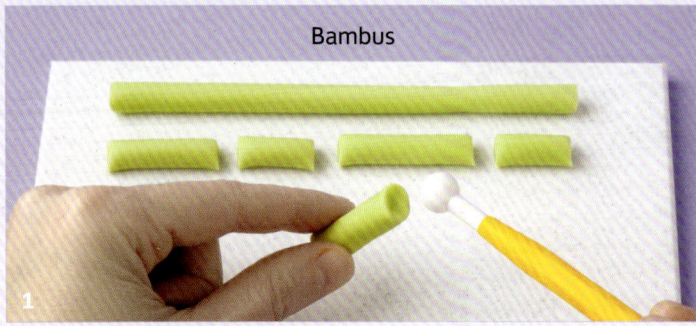

Bambus

Aus hellgrünem Fondant Rollen von ca. 8 mm Dicke formen und in Stücke verschiedener Längen schneiden. Beide Enden jedes Stücks mit einem großen Kugel-Modellierwerkzeug eindrücken.

Die Bambusstücke mit Farbpulver in Braun, Grün und Creme bestäuben.

Größere Blumen

Rosa Blütenpaste ausrollen und 5 oder 6 Blütenblätter ausstechen.

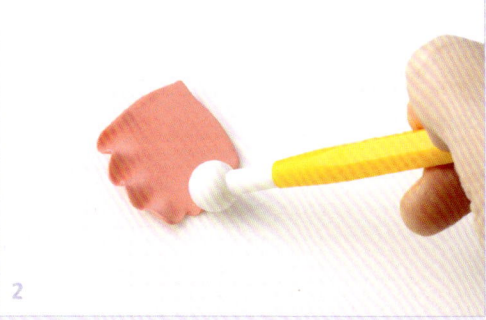

Durch Druck mit einem Kugel-Modellierwerkzeug die Ränder der Blütenblätter wellig modellieren.

Auf einer Schaumstoff-Unterlage mindestens 2 Stunden (besser 24 Stunden) trocknen lassen.

Eine rosa Fondantkugel flach drücken und die Blütenblätter ringsherum befestigen. Für manche Blumen brauchen Sie 5 Blütenblätter, für andere 6.

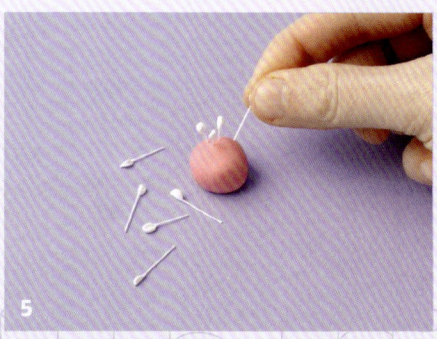

Eine rosa Fondantkugel rollen und die Staubgefäße hineindrücken (da diese nicht essbar sind, können Sie sie auch weglassen).

Die Kugel mit den Staubgefäßen in die Mitte der Blüte kleben.

TORTEN-DESIGN
Für das Bild rechts habe ich eine 12 cm hohe Torte mit 20 cm Durchmesser mit einer cremefarbenen Fondantdecke überzogen, Bambusstücke um den unteren Rand gestellt und alles mit exotischen Blüten dekoriert.

Auf dem Bauern-hof

Daisy

DIE ENTE

SIE BRAUCHEN:
- Modellierwerkzeug *(siehe Seite 12–13)*
- Fondant in Gelb, Orange, Weiß, Schwarz und Braun
- Trinkhalm
- Blütenpaste in Grün, Rosa und Weiß
- Lebensmittelfarbe (Pulver) in Grün und Gelb
- Margeriten-Ausstechformen
- Alu-Schälchen oder Blütenformer
- Stabiler Floristendraht
- Waffelpikee-Geschirrtuch

Die Größe der Figur können Sie selbst bestimmen. Vorlagen für die hier gezeigte Größe finden Sie auf Seite 188. Für die Ente brauchen Sie Fondantmasse in Gelb, Orange, Weiß und Schwarz. Das Zubehör wird aus Fondant in Gelb und Braun sowie Blütenpaste in Grün, Rosa und Weiß modelliert.

1 2 unterschiedlich große Kugeln aus gelber Fondantmasse für Körper und Kopf rollen.

2 Die größere Kugel zum Kegel formen. Der obere Teil bildet den Hals und sollte lang und schlank werden. Der untere Teil bleibt dick.

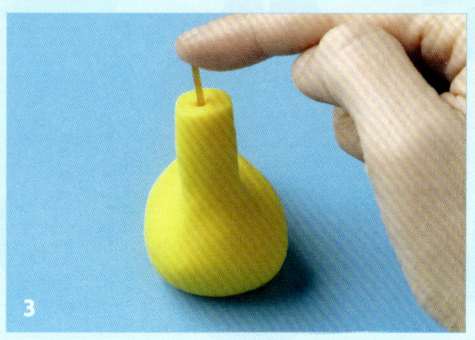

3 1 oder 2 Spaghettistücke zum Stabilisieren in die Fondantmasse stecken und oben etwas herausstehen lassen.

4 Das Schwanzende des Rumpfes zwischen Daumen und Zeigefinger spitz formen.

5 Für den Oberkopf eine Seite der kleineren Kugel in der Handfläche etwas dünner rollen.

> **EXTRATIPP**
> Figuren sehen besonders niedlich aus, wenn der untere Teil des Kopfes mit dem lächelnden Mund breiter ist als der Oberkopf.

6 So sollte die Form des Kopfes aussehen.

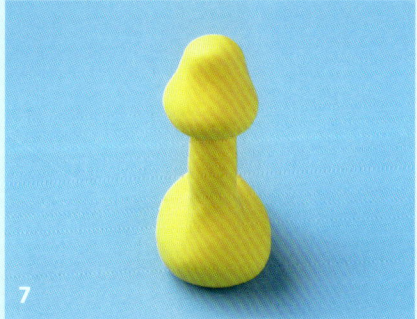

7 Den Kopf auf den Rumpf stecken, aber noch nicht festkleben.

8 Für die Füße etwas orangefarbene Fondantmasse ausrollen und 2 Tropfen (ca. 1,5 cm hoch) ausstechen.

9 Mit dem Ende eines stabilen Trinkhalms entlang der Rundungen der Tropfen kleine Bögen ausstechen.

10 Mit dem Rücken des Skalpells auf jedem Fuß in Längsrichtung 3 Linien für die Schwimmhäute einritzen.

11 Die spitzen Enden beider Füße abschneiden.

12

Die Füße unter den Entenkörper kleben. Den Kopf wieder abnehmen.

13

Für die Flügel (oder Arme) 2 Kugeln aus gelbem Fondant rollen. Ein Ende jeder Kugel zu einer dünnen Wurst formen.

14

Das dicke Ende eines Flügels mit der Fingerspitze flach drücken.

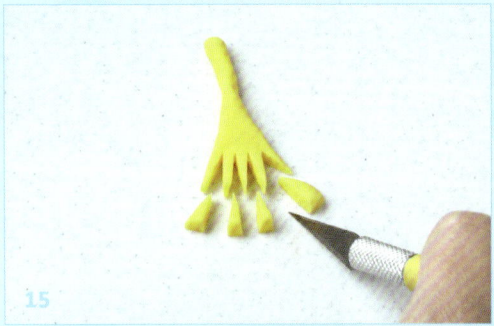

15

Für die Finger mit einem Skalpell 4 lange, dünne Keile aus dem flachen Ende des Flügels herausschneiden.

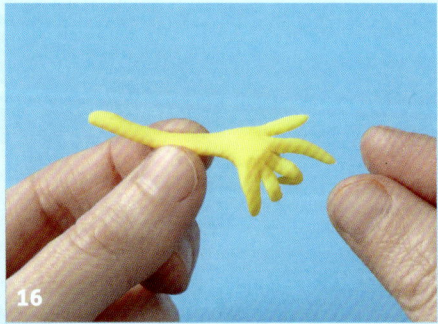

16

Die Schnittkanten glätten und die Finger leicht krümmen.

17

Schritt 14–16 für den zweiten Flügel wiederholen. Beide Flügel an den Körper kleben.

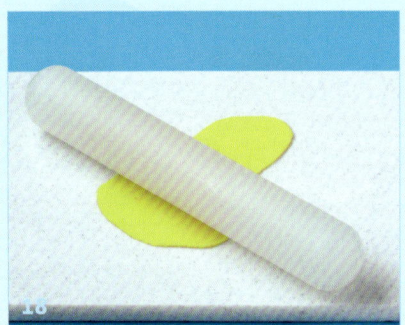

18

Für die Haare gelbe Fondantmasse sehr dünn ausrollen.

19

Einen unregelmäßigen Stern mit 6 oder 7 Zacken ausschneiden.

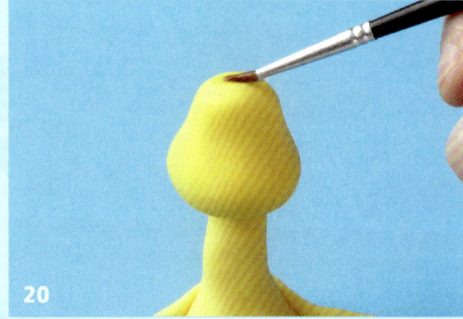

20

Den Stern mit essbarem Kleber auf dem Kopf befestigen.

21

Die »Haarspitzen« mit dem Finger leicht nach oben biegen.

22

Für den Schnabel eine Kugel aus orangefarbener Fondantmasse zu einem Kegel formen.

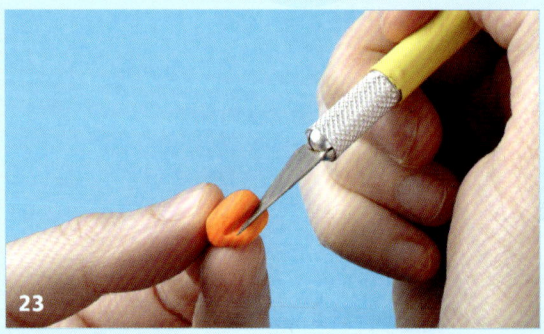

23

Den Schnabel mit den Fingerspitzen festhalten und eine Rille einritzen.

24

Die Spitze des Kegels abschneiden.

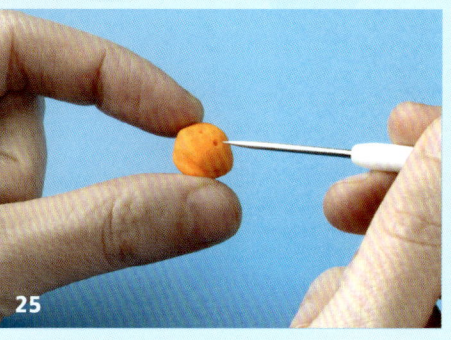

25

2 Nasenlöcher mit einer Modelliernadel auf dem Schnabel andeuten.

26

Den Schnabel im unteren Drittel des Kopfes aufkleben. Er bedeckt den Bereich, den Mund und Nase einnehmen würden.

27

Für die Augen 2 weiße Fondantkugeln flach drücken und aufkleben, dann 2 kleine Kugeln aus schwarzem Fondant für die Pupillen aufsetzen.

EXTRATIPP

Ein unregelmäßiger Stern aus dünn ausgerolltem Fondant ergibt einen lustigen Haarschopf. Kleben Sie ihn einfach auf den Kopf und biegen Sie die Spitzen mit dem Finger oder einem Zahnstocher nach oben.

28

So sieht die fertige Ente aus.

Küken

1

2 kleine unterschiedlich große Kugeln aus gelbem Fondant für Kopf und Körper rollen. Die kleinere auf die größere kleben.

2

Die Füße wie für die große Ente modellieren (Schritt 8–11), aber eine kleinere Ausstechform verwenden. Für die Flügel 2 gelbe Fondantkugeln flach drücken.

3

Die Flügel und die Füße an den Körper kleben.

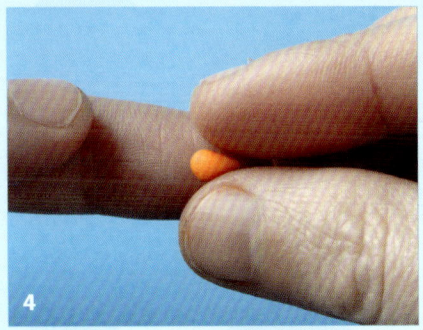

4

Für den Schnabel eine kleine orange-farbene Fondantkugel rollen und zu einem Kegel formen. An den Kopf kleben.

5

Kleine schwarze Fondantkugeln als Augen aufkleben. Alternativ können Sie auch Zuckerperlen dafür verwenden.

1 Seerosenblatt

Grüne Blütenpaste ausrollen, einen Kreis ausstechen und ein Dreieck heraus-schneiden.

2

Ein Prägewerkzeug über die Oberfläche des Blatts rollen, um die Blattstruktur zu gestalten.

3

Die Ränder des Blatts mit grünem Farbpulver bestäuben.

1 Seerosenblüten

Blütenpaste in Rosa und Weiß ausrollen und mehrere Blüten in Margeritenform ausstechen.

2

In ein Aluschälchen oder einen Blütenformer legen und 2 Stunden (besser 24 Stunden) trocknen lassen.

3

Für jede Blüte eine gelbe Fondantkugel rollen und die Oberfläche mehrfach mit einer Modelliernadel einstechen.

4

In die Mitte jeder Blüte eine gelbe Kugel kleben.

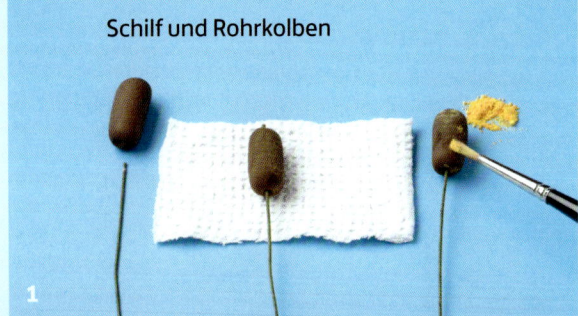

1 Schilf und Rohrkolben

Floristendraht in Stücke schneiden, ein Ende in Kleber tauchen. In eine Wurst aus braunem Fondant stecken. Zum Strukturieren über das Waffelpikee-Tuch rollen und mit gelbem Farbpulver bestäuben.

2

Für Schilf lange, schmale Dreiecke aus grüner Blütenpaste schneiden und die Spitzen nach unten biegen. 24 Stunden trocknen lassen.

TORTEN-DESIGN
Die 12 cm hohe Torte mit 20 cm Durchmesser habe ich mit einer blauen Fondantdecke überzogen. Auf der Oberfläche sind Blüten und Entenküken verteilt, die Seiten habe ich mit Schilf und Rohrkolben dekoriert. Sie könnten zusätzlich auch noch etwas blaue Lebensmittelfarbpaste mit Wasser verdünnen und damit kleine Wellen auf die Fondantdecke malen.

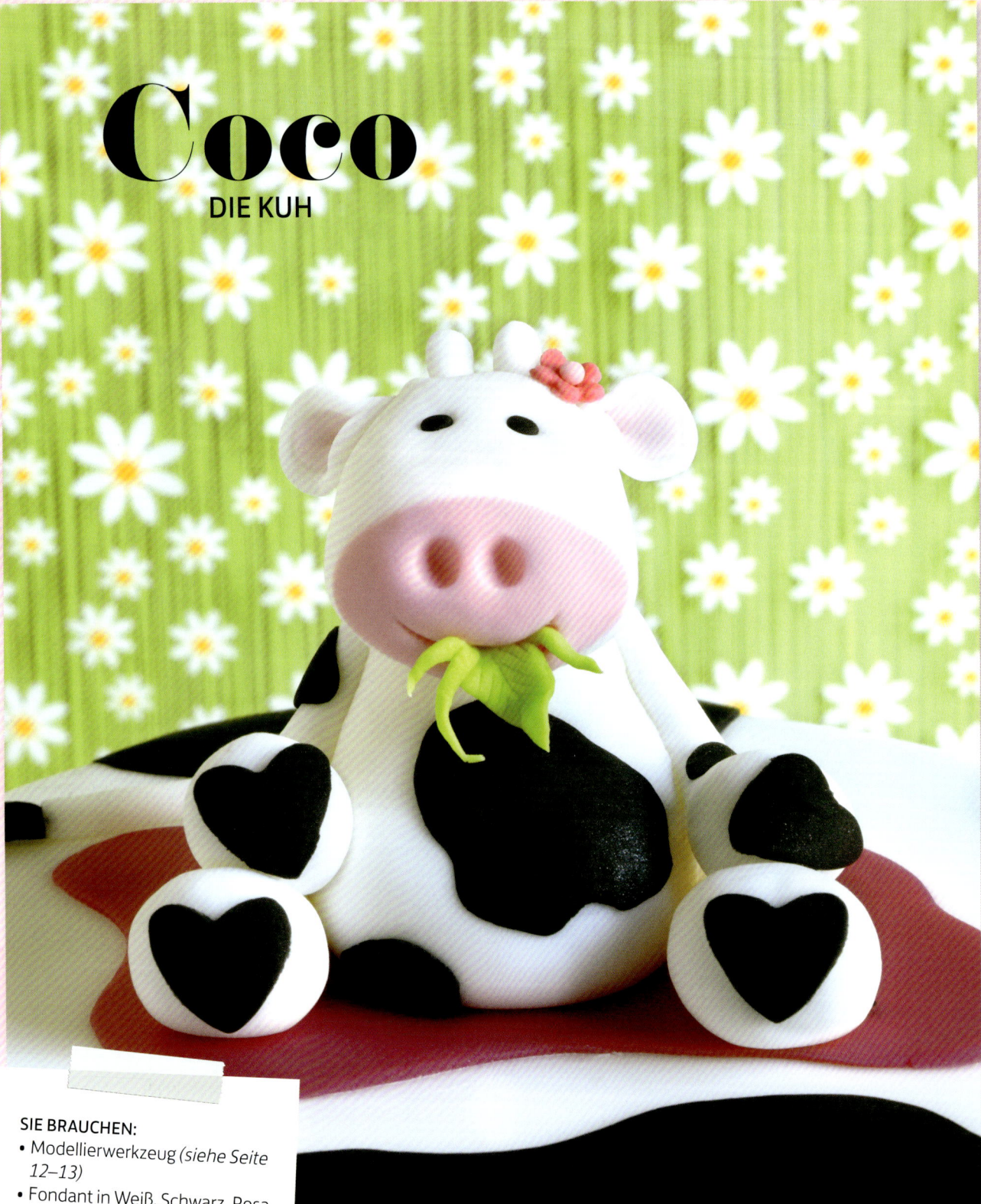

Coco
DIE KUH

SIE BRAUCHEN:
- Modellierwerkzeug *(siehe Seite 12–13)*
- Fondant in Weiß, Schwarz, Rosa und Grün
- Kleine Herz-Ausstechform mit Auswerfer
- Kleine Blüten-Ausstechform mit Auswerfer
- Transparenter Teigschaber

Die Größe der Figur können Sie selbst bestimmen. Vorlagen für die hier gezeigte Größe finden Sie auf Seite 189. Die Kuh und das Zubehör werden aus Fondantmasse in Weiß, Schwarz, Rosa und Grün modelliert.

1 · 2 Kugeln aus weißer Fondantmasse für Rumpf und Kopf rollen.

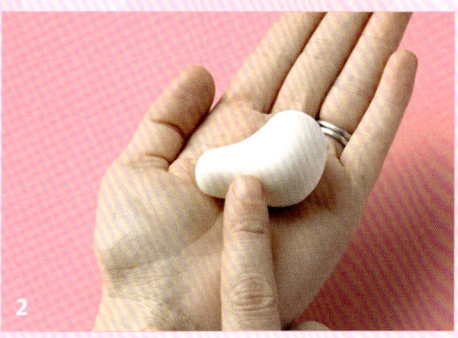

2 · Die größere Kugel zu einem Kegel mit breiter Basis formen.

3 · Ein Spaghettistück in den Rumpf stecken, oben ein Stück herausstehen lassen.

4 · Die kleinere Kugel zu einer Eiform rollen.

5 · Den Kopf auf den Rumpf setzen und prüfen, ob die Proportionen stimmen.

6 · Für den großen Fleck auf dem Rumpf eine schwarze Fondantkugel flach drücken und aus den Rändern unregelmäßige Stücke herauszupfen.

7 · Den Fleck auf den Rumpf kleben und die Übergänge mit einem flachen Colour Shaper glätten.

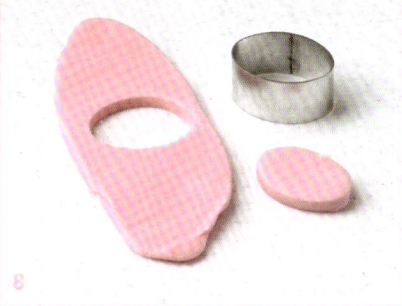

8 · Rosa Fondant ausrollen und ein Oval ausstechen, das so hoch ist wie das breitere Ende des Kopfes.

9 · Die Ränder zwischen den Fingern vorsichtig flach drücken.

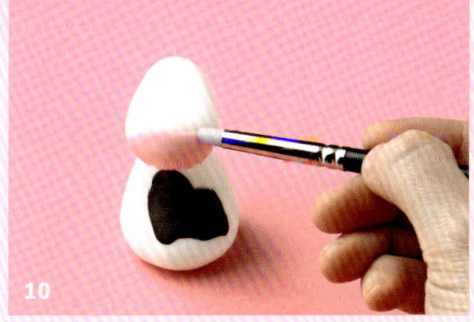

10 · Den Kopf auf den Körper setzen, das Oval auf den unteren Teil des Kopfes kleben. Die Ränder mit einem flachen Colour Shaper glätten.

11 · Mit einem kleinen Kugel-Modellierwerkzeug 2 Nasenlöcher in den rosa Fondant drücken.

EXTRATIPP
Formen Sie zuerst alle Teile aus weißem Fondant, dann alle schwarzen. Danach gründlich die Hände waschen. Schwarzer Fondant hinterlässt immer Spuren an den Fingern, durch die der weiße Fondant einen Grauschleier bekommen könnte.

12

Mit dem breiten Ende einer kleinen Spritztülle vorsichtig einen lächelnden Mund in den rosa Fondant drücken.

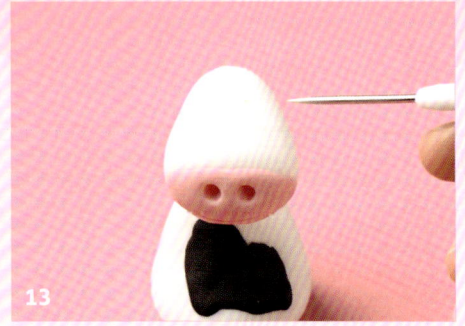

13

Mit einer Modelliernadel 2 Löcher für die Augen in den Kopf stechen.

14

Über den Augen 2 größere Löcher für die Hörner stechen.

15

Für die Hörner 2 kleine Kegel aus weißem Fondant rollen.

16

Die Hörner in die vorbereiteten Löcher kleben.

17

2 kleine Kugeln aus schwarzem Fondant rollen, in die Vertiefungen für die Augen setzen und flach drücken.

18

Die Unterlippe des Mundes mit einer Modelliernadel etwas nach unten ziehen. Sie wird später verdeckt, es ist also nicht schlimm, wenn sie einreißt.

19

Etwas grünen Fondant ausrollen und einen kleinen Tropfen ausstechen. Mit einem Skalpell Blattadern einritzen.

20

Das Blatt und einige Grashalme (sehr dünne grüne Fondantrollen) in den Mund kleben. Den Kopf noch nicht festkleben.

EXTRATIPP
Bei Figuren werden die Positionen von Augen, Ohren oder Mund mit einer Modelliernadel angezeichnet. Machen Sie die Markierungen frühzeitig, damit Sie später nichts falsch aufkleben und so die Figur ruinieren.

21

2 Tropfen aus weißem und 2 kleinere aus rosa Fondant ausstechen. Die rosa Tropfen auf die weißen kleben und flach drücken.

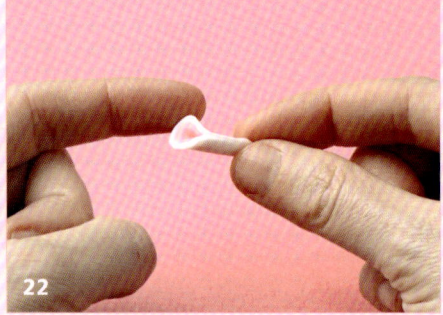

22

Einen Tropfen zur Hälfte zusammenlegen (rosa Seite innen) und den oberen Rand etwas nach außen biegen.

23

Die Spitze vom Tropfen abschneiden. Für das zweite Ohr Schritt 22–23 wiederholen.

24

Die Ohren seitlich unter den Hörnern am Kopf festkleben und öffnen. Sie können nun noch weitere schwarze Fondantflecken auf dem Körper verteilen.

25

Für die Beine 2 Kugeln aus weißem Fondant rollen und zu Kegeln formen.

26

2 kleine Herzen aus schwarzem Fondant ausstechen und unter die Fußsohlen kleben. Die Beine so zuschneiden, dass sie sich an den Rumpf anschmiegen.

27

Die Beine an den unteren Rumpf kleben.

28

Für die Arme 2 weiße Fondantkugeln zu Kegeln formen. Beide in der Mitte (an den Ellenbogen) abwinkeln.

29

2 kleine schwarze Fondantherzen ausstechen und unter die Handflächen kleben. Kleine Flecken aus schwarzem Fondant auf den Armen anbringen.

30

Beide Arme mit essbarem Klebstoff am Rumpf befestigen.

EXTRATIPP

Konzentrieren Sie sich immer auf die wichtigsten Merkmale. Elefanten haben große Ohren, Kühe und Giraffen kleine, abgerundete und Katzen spitze. Solche Merkmale geben Ihrer Figur Persönlichkeit.

31

Wenn alle Gliedmaßen befestigt sind und die Kuh genügend schwarze Flecken hat, können Sie den Kopf vorsichtig aufsetzen und festkleben.

32

Für den Schwanz eine Kugel aus weißem Fondant zu einer langen, dünnen Wurst rollen. 5 dünne, spitze Kegel aus schwarzem Fondant formen.

33

Die breiteren Enden der 5 schwarzen Kegel zu einer Quaste zusammendrücken.

34

Die schwarze Quaste an ein Ende des weißen Schwanzes kleben. Das andere Schwanzende ans Hinterteil der Kuh kleben. Eine kleine Blüte aus rosa Fondant ausstechen und am Kopf der Kuh befestigen.

EXTRATIPP
Fertige Figuren sollten immer auf die Torte geklebt werden, damit sie nicht umkippen oder gar herunterfallen, wenn sie die Torte bewegen.

35

So sieht die fertige Kuh aus.

Flecken auf der Torte

1

Eine weiße Fondantdecke auf die Torte legen. Schwarze Fondantmasse ausrollen und einen unregelmäßigen Fleck mit welligen Rändern ausschneiden.

2

Den Fleck auf die Torte legen und mit dem transparenten Teigschaber andrücken. Klebstoff ist nicht notwendig.

3

Mehrere Flecken auf der Torte anordnen. In der Mitte einen Fleck in Rosa platzieren. Er kann mit Blumen aus weißem und Grashalmen aus grünem Fondant dekoriert werden.

TORTEN-DESIGN
Diese 15 cm hohe Torte mit 16 cm Durchmesser habe ich zuerst mit einer weißen Fondantdecke bedeckt und dann mit unregelmäßig geformten, schwarzen Kuhflecken verziert. Lassen Sie sich bei Ihren Figuren von den Kühen auf der Wiese inspirieren: Es gibt auch schwarze Tiere mit weißen Flecken und weiß-braun gefleckte Kühe.

Barnaby

DAS SCHAF

Die Größe der Figur können Sie selbst bestimmen. Vorlagen für die hier gezeigte Größe finden Sie auf Seite 189. Das Schaf wird aus Fondantmasse in Schwarz und Weiß modelliert. Für das Zubehör brauchen Sie Fondant in Rot, Schwarz, Weiß, Blau, Rosa, Grün und Braun.

Eine große Kugel aus weißem Fondant für den Rumpf und eine kleinere Kugel aus schwarzem Fondant für den Kopf rollen.

Die weiße Kugel zu einem Kegel formen. Das obere Ende sollte dünner sein.

Ein Stück Spaghetti in den Rumpf stecken und oben etwas herausstehen lassen.

Viele kleine weiße Fondantkugeln rollen und den ganzen Rumpf damit bekleben. Unten beginnen *(siehe Extratipp, Seite 157)*.

Nach dem Bekleben des Rumpfes sollte der Spaghetti noch zu sehen sein.

Die schwarze Kugel eiförmig rollen.

Den Kopf auf den Rumpf setzen, aber noch nicht festkleben.

Mit einem kleinen Kugel-Modellierwerkzeug Vertiefungen für die Augen eindrücken.

Die Nasenlöcher mit einer Modelliernadel in den Kopf stechen.

Mit dem breiten Ende einer kleinen Spritztülle einen lächelnden Mund in den Kopf drücken.

Für die Augen 2 kleine Kugeln aus weißer Fondantmasse rollen und in die Vertiefungen kleben, die in Schritt 8 vorbereitet wurden.

2 sehr kleine Kugeln aus schwarzem Fondant als Pupillen auf die Augen kleben.

5 oder 6 kleine Kugeln aus weißem Fondant rollen und auf den Oberkopf kleben.

14

2 Kugeln aus schwarzem Fondant für die Ohren rollen. Eine zwischen Daumen und Zeigefinger flach drücken und in der Mitte rechtwinklig biegen.

15

Schritt 14 für das zweite Ohr wiederholen. Beide Ohren dicht unterhalb der weißen Kugeln an den Oberkopf kleben.

16

So sollte das Schaf jetzt aussehen.

17

Für die Arme 2 Kugeln aus schwarzem Fondant zu Kegeln mit verdicktem Ende formen.

18

Für die Hand das verdickte Ende eines Arms flach drücken und mit dem Skalpell für den Daumen einen kleinen Keil herausschneiden.

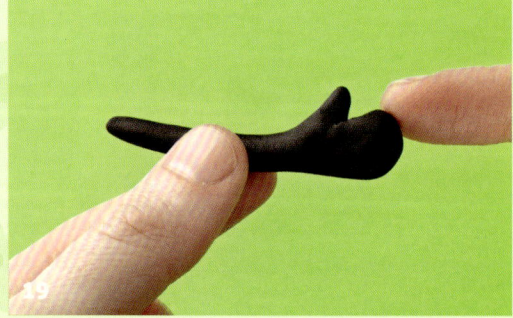

19

Die Schnittkanten mit den Fingerspitzen glätten. Schritt 18–19 für den zweiten Arm wiederholen.

20

Die Arme mit essbarem Klebstoff an den Schultern festkleben, dann die Ansätze mit weiterem weißen Fondantkugeln verdecken.

21

Für die Beine 2 Kugeln aus schwarzem Fondant zu langen Kegeln mit verdickten Enden formen.

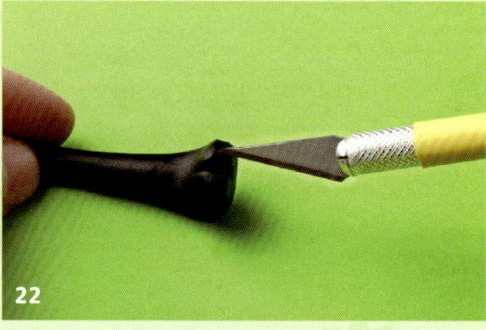

22

Das dicke Ende eines Kegels so modellieren, dass die Unterseite flach ist. Vorn für die Hufe eine kleine Rille einschneiden.

23

Das Bein in der Mitte abwinkeln und das schmale Ende flach drücken. Schritt 22–23 für das andere Bein wiederholen.

EXTRATIPP
Drehen Sie die Fußspitzen des Schafs leicht nach innen. Dadurch wird die ängstliche, unsichere und unschuldige Ausstrahlung des Schafs noch verstärkt.

24

Die Beine unter den Rumpf kleben. Befestigen Sie die Beine am besten direkt auf der Torte, weil sie über den Tortenrand hängen sollen.

25

So sieht das fertige Schaf aus.

1

Romeo, das ruhende Schaf

Rumpf, Kopf und Beine werden wie bei Barnaby modelliert, aber die Gliedmaßen werden in anderen Winkeln mit Spaghetti und Klebstoff befestigt.

2

Für Romeos Arme Schritt 17–20 wiederholen, aber die Ellenbogen abwinkeln.

3

Dann sieht Romeo so aus.

Poppy, der Marienkäfer

1

Für den Körper eine Kugel aus rotem Fondant rollen, zum Kegel formen und die Spitze abschneiden.

2

Mit einem Modellierrad in Längsrichtung eine Rille auf dem Körper ziehen.

3

Kleine schwarze Fondantkugeln rollen, auf den Körper kleben und dabei flach drücken. Eine schwarze Fondantkugel für den Kopf rollen.

4

Für die Augen 2 weiße und 2 kleine schwarze Fondantkugeln aufkleben. Den Mund mit einer Spritztülle eindrücken.

5

2 kleine Kegel aus schwarzem Fondant als Fühler auf den Kopf kleben und krümmen.

EXTRATIPP
Die kleinen Kugeln für das Schaffell nicht »auf Vorrat« rollen. Sie müssen weich sein, damit sie gut am Rumpf und auch aneinander haften.

Cedric, die Schnecke

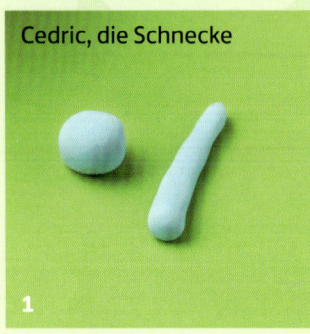

1 Aus hellblauem Fondant eine Wurst rollen.

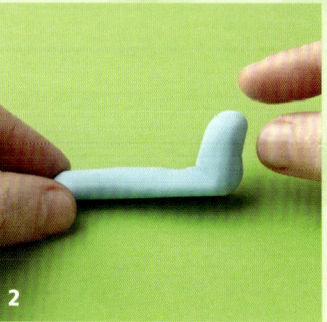

2 Das vordere Drittel im rechten Winkel aufrecht stellen.

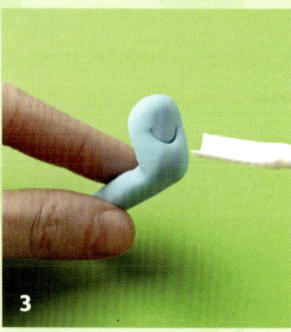

3 Mit einem u-förmigen Modellierwerkzeug einen Mund eindrücken.

4 Für die Augen 2 hellblaue Fondant-kugeln aufkleben und mit einem Kugel-Modellierwerkzeug eindrücken.

5 2 weiße Fondantkugeln in die Vertiefung kleben und 2 kleine schwarze Fondantkugeln als Pupillen anbringen.

6 Für das Schneckenhaus eine lange Wurst aus Fondant in Blau formen und aufrollen.

7 Mit einem Modellierrad Rillen in das Schnecken-haus ritzen.

8 Das Schneckenhaus auf den Körper kleben. Modellieren Sie auch noch eine Schneckenfrau in Rosatönen.

Blumen

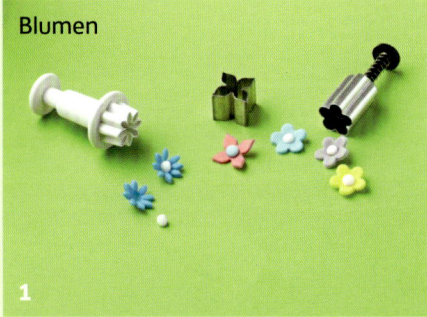

1 Mit verschiedenen Förmchen Blumen in mehreren Farben ausstechen. Für einen Kuchen mit 20 cm Durchmesser brauchen Sie ca. 100 Blumen.

Zaun

1 Braune Fondantmasse ausrollen, eine Präge-matte auflegen und andrücken, um das Rinden-muster auf den Fondant zu übertragen.

2 Den braunen Fondant in Streifen glei-cher Länge schneiden. Einige an einem Ende spitz zuschneiden. Das sind die senkrechten Pfosten.

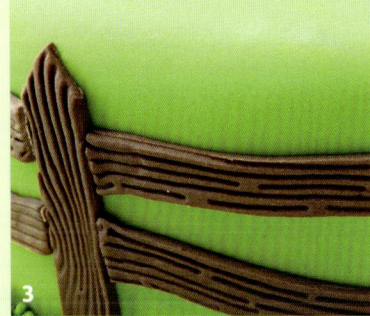

3 Zuerst die Pfosten in gleichmäßigen Abständen auf die Seiten der Torte kleben, dann dazwischen die waage-rechten Latten anbringen.

4 Zuletzt grüne Eiweißspritzglasur mit einem Spritzbeutel mit Grastülle um den unteren Rand der Torte spritzen.

TORTEN-DESIGN
Auf dieser 10 cm hohen Torte mit 20 cm Durchmesser sitzen die Schafe auf einer Blumenwiese. Ich habe die Torte zuerst mit einer grünen Fondant-decke überzogen, dann den Zaun an-gebracht und alle Ansätze mit Blumen verdeckt. Ein Streifen aus gespritztem Gras verdeckt den Übergang zwischen Torte und Tortenplatte.

Rosie

DAS SCHWEIN

SIE BRAUCHEN:
- Modellierwerkzeug (siehe Seite 12–13)
- Fondant in Rosa, Weiß, Schwarz, Grün, Blau und anderen Farben
- Blütenpaste in Grün
- Verschiedene Blüten-Ausstechformen
- Eiweißspritzglasur in Grün
- Spritzbeutel mit Grastülle

Die Größe der Figur können Sie selbst bestimmen. Vorlagen für die hier gezeigte Größe finden Sie auf Seite 189. Das Schweinchen wird aus Fondantmasse in Rosa, Weiß und Schwarz modelliert. Für die übrigen Dekorationen brauchen Sie Fondant in Grün und Blau sowie viele Farben für die Blumen und grüne Blütenpaste.

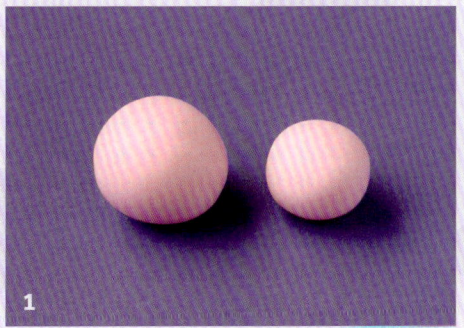

1

2 unterschiedlich große Kugeln aus rosa Fondantmasse für Rumpf und Kopf rollen.

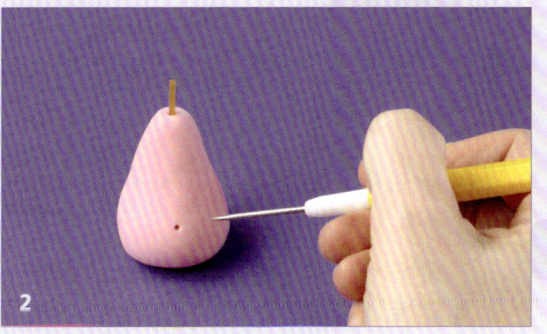

2

Aus der großen Kugel einen Kegel formen. Ein Stück Spaghetti hineinstecken. Für den Bauch eine Seite in der Mitte eindrücken. Mit einer Modelliernadel den Nabel andeuten.

EXTRATIPP
Da das Schweinchen einfarbig ist, sollten Sie für diese Figur Fondant in einem möglichst hellen, freundlichen Rosa verwenden.

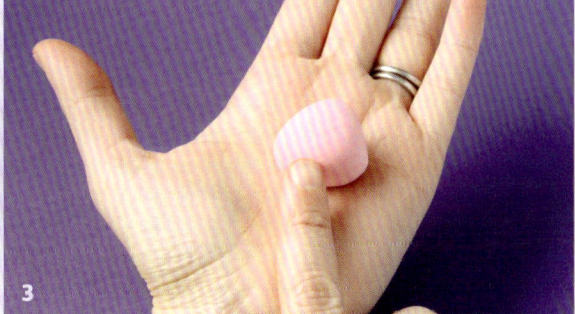

3

Aus der kleineren Kugel einen abgerundeten Kegel formen.

EXTRATIPP
Kleben Sie möglichst keine Kugeln zusammen. Wenn Sie die Flächen, die zusammentreffen, etwas abflachen, entsteht eine größere Kontaktfläche, die Sie mit Klebstoff bestreichen können, und die Klebestelle wird deutlich stabiler.

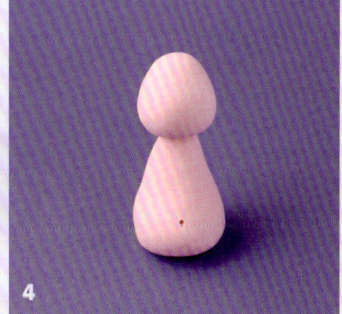

4

Den Kopf auf den Rumpf setzen, um die Proportionen zu prüfen. Noch nicht festkleben.

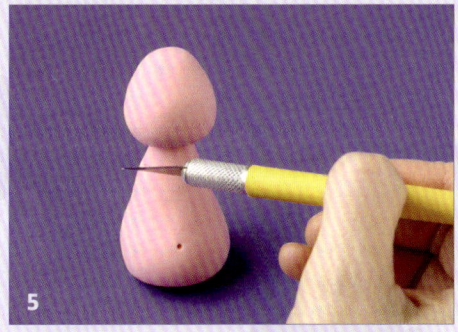

5

Mit dem Rücken eines Skalpells unter den Armen (die später angesetzt werden) einige Runzeln in die Fondantmasse ritzen.

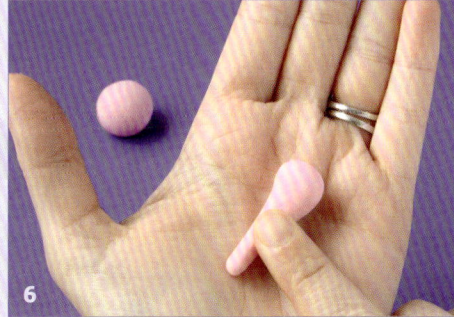

6

Für die Beine 2 Kugeln aus rosa Fondant zu länglichen Kegeln mit verdicktem Ende rollen.

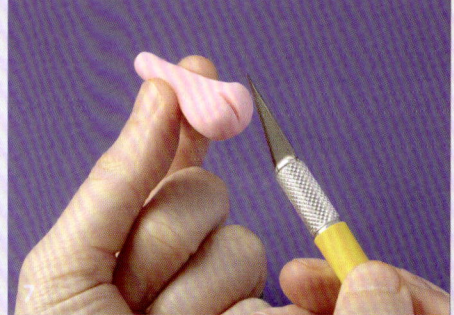

7

Für den Fuß mit dem Skalpell in das verdickte Ende eines Beins eine Rille schneiden. Mit dem anderen Bein wiederholen.

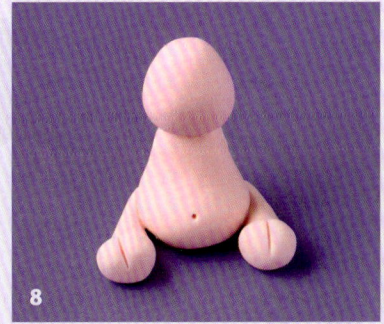

8

Die Beine an den Rumpf kleben.

9

Für die Arme 2 Kugeln aus rosa Fondant rollen (kleiner als für die Beine), wieder zu länglichen Kegeln formen und das breite Ende etwas abwinkeln.

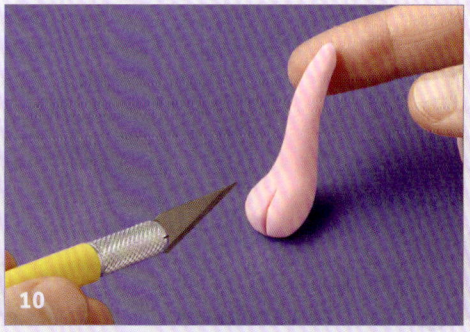

10

Mit dem Skalpell in das breite Ende eines Arms eine Rille schneiden. Mit dem anderen Arm wiederholen.

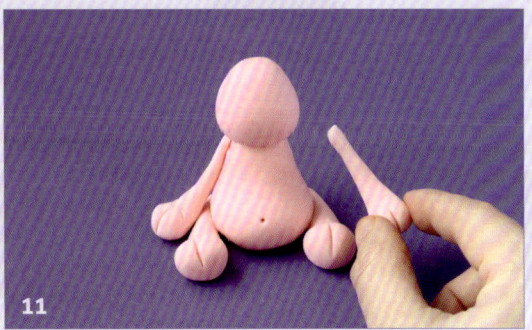

11 Die Arme an den Rumpf kleben. Die Rillen in den Vorderfüßen zeigen schräg nach vorn.

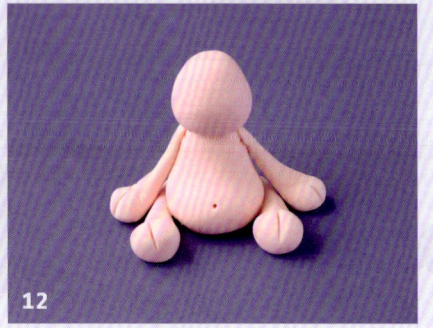

12 Jetzt sieht das Schwein so aus.

13 Etwas rosa Fondantmasse 5 mm dick ausrollen und ein Oval für den Rüssel ausstechen.

14 Den Rüssel auf den Kopf kleben. Er nimmt den Bereich von Mund und Nase ein.

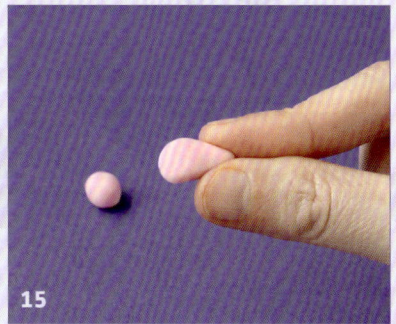

15 Für die Ohren 2 kleine rosa Fondant-kugeln rollen und eine Seite zwischen Daumen und Zeigefinger zusammen-drücken.

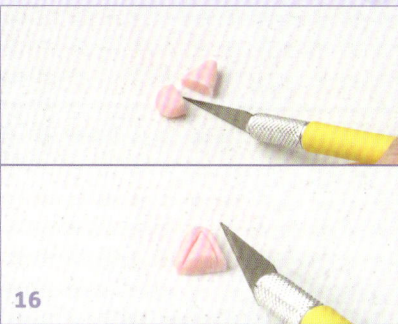

16 Das runde Ende eines Ohrs abschnei-den. Am Rand des dreieckigen Stücks eine Rille ziehen.

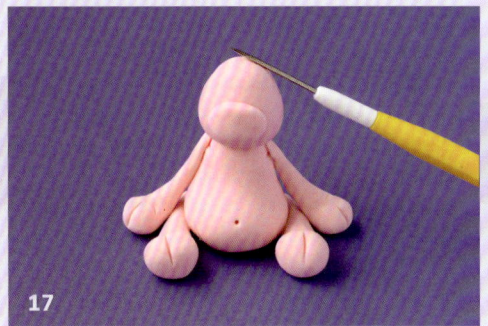

17 Mit der Modelliernadel Rillen in den Oberkopf ritzen. Hier werden später die Ohren ein-gesetzt.

18 Schritt 16–17 für das zweite Ohr wiederho-len, dann beide Ohren an den Kopf kleben.

19 Mit einem kleinen Kugel-Modellierwerk-zeug 2 Vertiefungen für die Nasenlöcher mittig in den Rüssel drücken.

20 2 weiße Fondantkugeln für die Augen rollen. Mit der Modelliernadel ihre Positi-onen anzeichnen.

21 Die Augen aufkleben und 2 kleine schwar-ze Fondantkugeln als Pupillen darauf befestigen.

22 Etwas grüne Blütenpaste ausrollen und 2 Streifen von ca. 4 mm Breite zuschneiden.

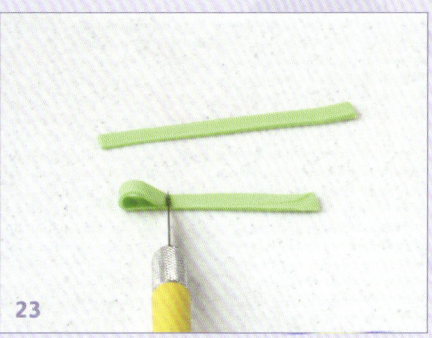

23 Ein Ende eines Streifens umklappen. Die Größe der Schlaufe festlegen und auf dem Fondantstreifen anzeichnen.

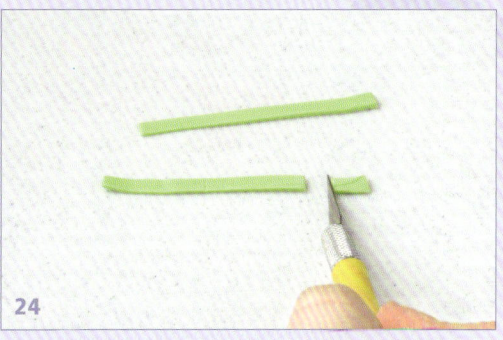

24 Den Streifen aufklappen, anhand der Markierung die Länge der anderen Schleifenhälfte ermitteln und den restlichen Streifen abschneiden.

25 Klebstoff auf die Markierung tupfen.

26 Beide Enden des Streifens an die Markierung legen.

27 Den zweiten Streifen über die Mitte der Schleife legen, festkleben und die Enden abschneiden. Die Schleife auf den Kopf des Schweins kleben.

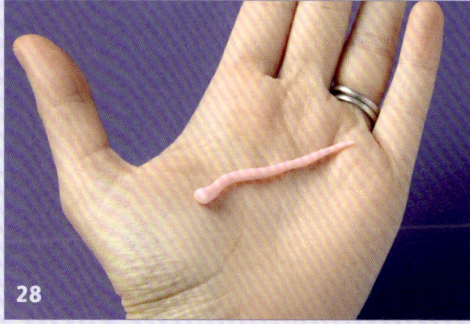

28 Für den Ringelschwanz eine dünne Wurst aus rosa Fondantmasse rollen.

29 Um einen Pinselstiel wickeln und 10 Minuten trocknen lassen.

30 Den Schwanz vorsichtig vom Pinselstiel schieben und an das Hinterteil des Schweins kleben.

31 So sieht das fertige Schwein aus.

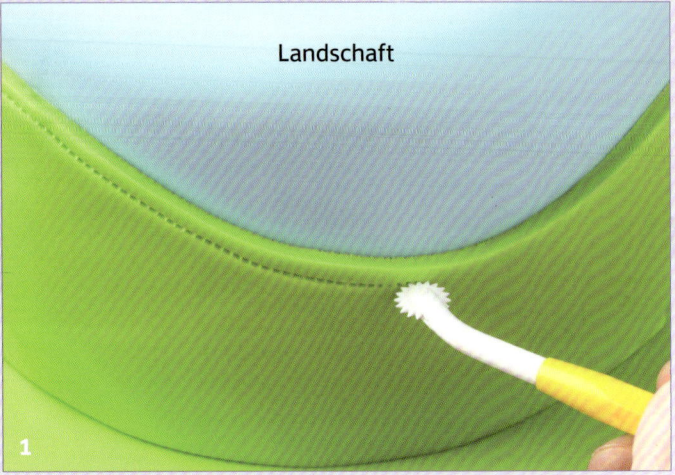

Landschaft

EXTRATIPP
»Nähte« in Fondant sind ein charmantes Detail im Retro-Stil. Man kann sie durch viele kleine Stiche mit einer Modelliernadel darstellen, aber deutlich schneller geht es mit einem gezackten Modellierrad.

Die Tortenplatte mit grünem Fondant bedecken, die Torte mit blauem. Einen gewellten Streifen aus grünem Fondant um die Seiten der Torte legen und parallel zu ihrem Rand mit einem gezackten Modellierrad entlangfahren.

Zahlreiche Blumen in unterschiedlichen Farben ausstechen und auf den grünen Fondant kleben. Für die Stiele längliche Dreiecke aus grünem Fondant zuschneiden und aufkleben.

Mit einer Modelliernadel Löcher entlang der Blütenkonturen stechen, um den Nahteffekt noch einmal aufzugreifen. Für längere gerade Linien das gezackte Modellierrad verwenden.

TORTEN-DESIGN
Für eine Fantasielandschaft wie auf dem Bild rechts brauchen Sie eine sehr hohe Torte. Meine ist 24 cm hoch und hat einen Durchmesser von 20 cm. Sie steht auf einer großen Platte, das Schwein sitzt vor der Torte und die Blumen sind ringsherum verteilt. Den oberen Teil habe ich mit Wolken und einer Sonne verziert. Vielleicht möchten Sie am Horizont auch ein Haus, ein Auto oder einen Baum anbringen.

Grüne Eiweißspritzglasur mit einem Spritzbeutel und einer Grastülle auf den Ansatz zwischen Torte und Platte spritzen. Nach Belieben mit Blumen und Gras dekorieren.

Oscar

DER KATER

Die Größe der Figur können Sie selbst bestimmen. Vorlagen für die hier gezeigte Größe finden Sie auf Seite 188. Der Kater wird aus Fondantmasse in Grau, Rot, Rosa, Weiß, Schwarz und Blau modelliert. Für das Zubehör brauchen Sie Fondant in Weiß, Schwarz, Rosa, Braun und Beige sowie weiße Blütenpaste.

1

2 unterschiedlich große Kugeln aus grauer Fondantmasse für Rumpf und Kopf rollen.

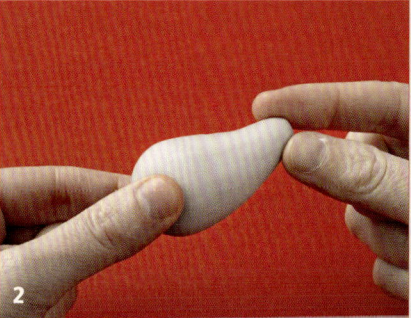

2

Die größere Kugel zu einem Kegel formen, das obere Ende sollte schlanker werden.

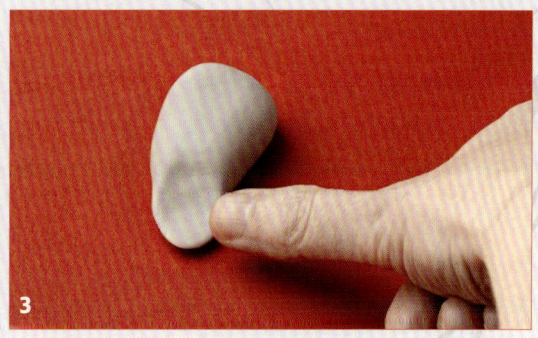

3

Den Kegel auf die Arbeitsfläche legen und das dünne Ende mit dem Daumen flach drücken.

4

Die kleinere Kugel eiförmig rollen.

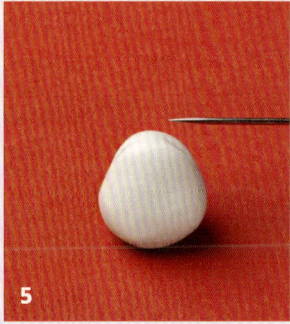

5

Die Positionen der Ohren am Kopf mit einer Modelliernadel anzeichnen.

6

Das Maul mit einem Skalpell andeuten. Die Augen mit einer Modelliernadel anzeichnen.

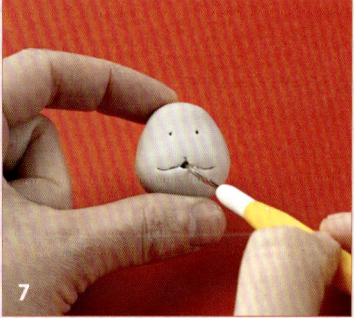

7

Mit der Modelliernadel ein großes Loch in die Mitte des Mauls stechen. Hier wird später die Zunge eingesetzt.

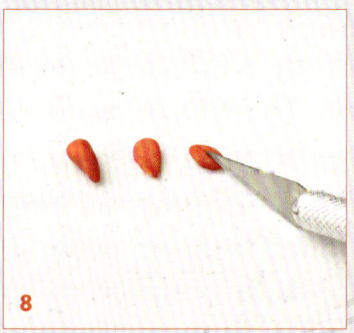

8

Für die Zunge einen roten Fondantkegel flach drücken, die Spitze abschneiden. Eine Rille in die Zunge drücken.

9

Die Zunge ins vorbereitet Loch im Maul kleben.

10

Als Nase einen Kegel aus rosa Fondant formen, die Rundung abschneiden.

11

Das kleine rosa Dreieck als Nase über das Maul kleben.

12

Mit einer Modelliernadel Löcher für die Barthaare neben der Nase stechen.

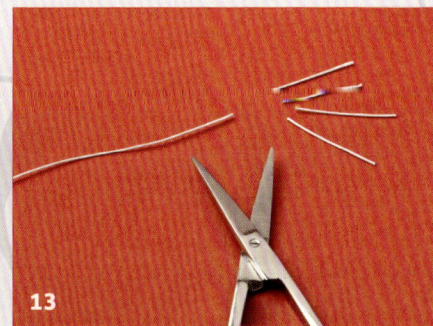

13

Vom Floristendraht 6 Stücke von je 2 cm Länge abschneiden *(siehe Extratipp, Seite 168).*

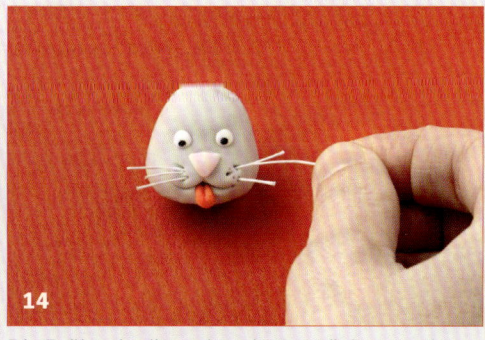

14

Die Drähte in die vorbereiteten Löcher stecken.

15

Für die Ohren 2 Kugeln aus grauem Fondant rollen und zwischen Daumen und Zeigefinger zu Kegeln formen.

16

Einen Kegel flach drücken und das runde Ende abschneiden und beiseitelegen. Ein Dreieck aus rosa Fondant zuschneiden.

17

Das rosa Dreieck auf das graue Ohr kleben. Schritt 16–17 für das andere Ohr wiederholen.

18

Die Ohren an den in Schritt 5 vorbereiteten Markierungen ankleben.

EXTRATIPP
Für Kinder sollten Sie statt der Drähte lieber essbare Spaghetti-stücke für die Bart-haare verwenden.

19

Den Kopf auf das abgeflachte Ende des Rumpfes kleben.

20

Für das Halsband einen Streifen aus hellblauem Fondant zuschneiden.

21

Klebstoff am Halsansatz auftragen und den Streifen so darum herum legen, dass er den Ansatz verdeckt. Die über-schüssigen Enden abschneiden.

22

Für die Hinterbeine 2 Kugeln aus grauem Fondant zu leicht gekrümmten Kegeln formen.

23

Am breiten Ende eines Beins durch einige Rillen die Pfote andeuten.

24

Schritt 23 für das andere Bein wiederholen, die Pfote zeigt in die andere Richtung. Beide Beine an den Rumpf kleben.

25

Für die Arme 2 Kugeln aus grauem Fondant zu langen Kegeln mit verdicktem Ende formen.

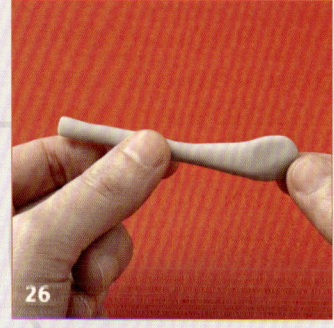

26

Das breite Ende eines Arms flach drücken und dabei etwas zur Seite biegen.

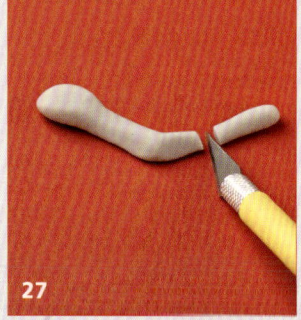

27

Den Arm in der Mitte abwinkeln und ca. 1 cm oberhalb des Knicks abschneiden.

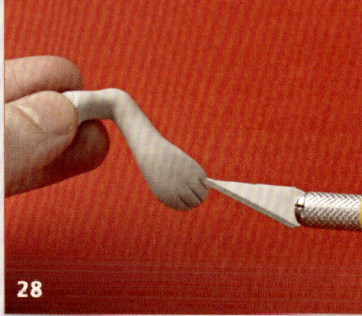

28

3 Rillen für die Pfote in das breite Ende ritzen. Schritt 26–28 für den an-deren Arm wiederholen, diesen Arm aber seitenverkehrt modellieren.

29 Die Arme an den Rumpf kleben. Solange der Fondant noch weich ist, eine Pfote anheben und mit einem Kugel-Modellierwerkzeug etwas wölben.

30 Die Maus unter die gewölbte Pfote schieben. Wie die Maus modelliert wird, lesen Sie weiter unten (*siehe diese Seite, Schritt 1–4*).

31 Für den Schwanz einen länglichen grauen Fondantkegel rollen und das dickere Ende umbiegen. Den Schwanz wellig formen, das breite Ende flach drücken.

32 Den Schwanz unter das Hinterteil des Rumpfes kleben. Jetzt ist der Kater fertig.

Milo, die Maus

1 Eine Kugel aus weißer Fondantmasse rollen und zu einem spitzen Kegel formen.

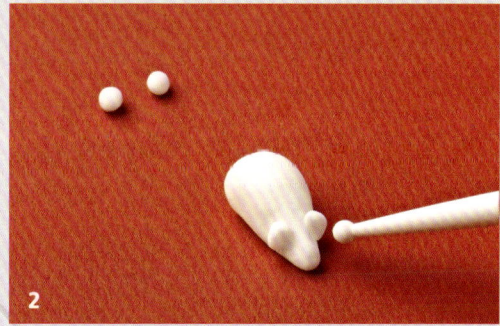

2 Für die Ohren 2 kleine weiße Fondantkugeln rollen und am Kopf ankleben. Flach drücken und mit einem Kugel-Modellierwerkzeug eindrücken.

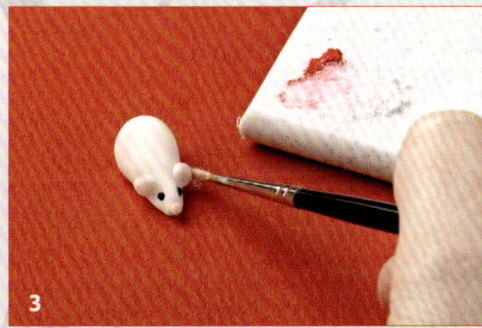

3 2 kleine schwarze Fondantkugeln als Augen und eine rosa Fondantkugel als Nase ankleben. Die Ohren und die Rumpfseiten mit rosa Farbpulver bestäuben.

4 Für den Schwanz einen dünnen Kegel aus rosa Fondant rollen und Rillen quer mit dem Rücken eines Skalpells eindrücken. Modellieren Sie mehrere Mäuse.

EXTRATIPP
Anstelle der kleinen Fondantkugeln können Sie auch kleine Zuckerperlen (Nonpareilles) in einer passenden Farbe für die Augen verwenden.

Parkettboden

1

2

Eine Tortenplatte mit braunem Fondant bedecken und mit der rechteckigen Ausstechform auf der gesamten Fläche ein Fischgrätmuster eindrücken.

Die Linien mit braunem Farbpulver bestäuben und mit angerührtem violetten Farbpulver nachziehen.

EXTRATIPP
Dunkles Violett eignet sich hervorragend für das Andeuten von dunklen Schatten auf dem Boden ebenso wie unter den Augen. Verwenden Sie kein Schwarz, denn es ist oft zu hart oder kann schmuddelig wirken.

Tapete

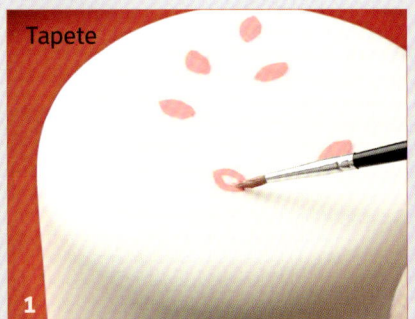

1

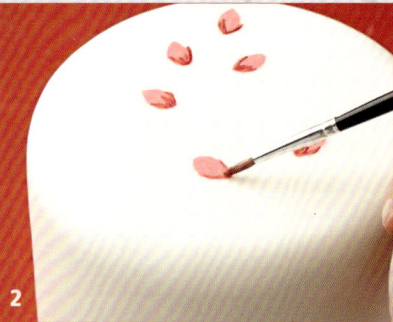

2

3

Mit hellrosa Farbpaste und einem mittelgroßen Pinsel Blütenblätter auf die Fondantdecke malen.

Mit einem dunkleren Rosaton ein dünnes »V« um die untere Spitze jedes Blütenblatts malen.

Grüne Farbpaste mit Wasser verdünnen und damit die Blüten verbinden. Falls das Grün zu dunkel ist, etwas Gelb untermischen.

Fußleiste und Mäusetür

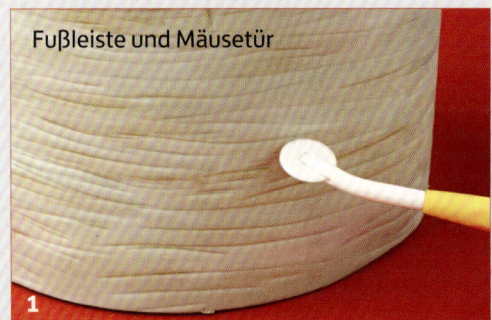

1

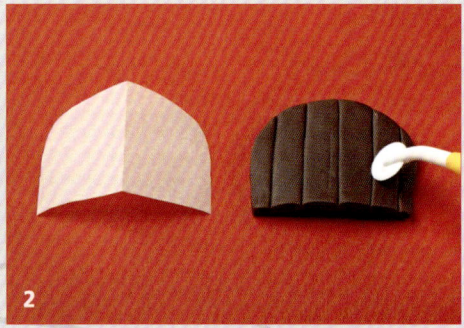

2

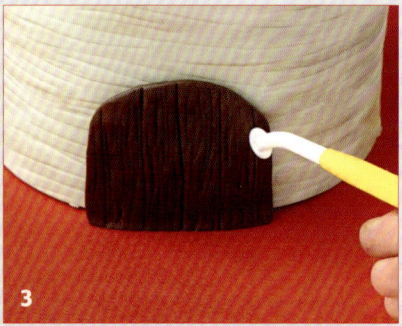

3

Fondant in Beige um den unteren Teil der Torte legen. Mit einem Modellierrad Rillen ziehen, dann Farbpulver in Rosa, Braun und Gelb aufstäuben.

Für die Tür eine Schablone aus Backpapier zuschneiden. Die Tür aus braunem Fondant ausschneiden und mit dem Modellierrad Rillen ziehen.

Die Tür an eine Seite der Torte kleben und mit dem Modellierrad die Holzmaserung andeuten.

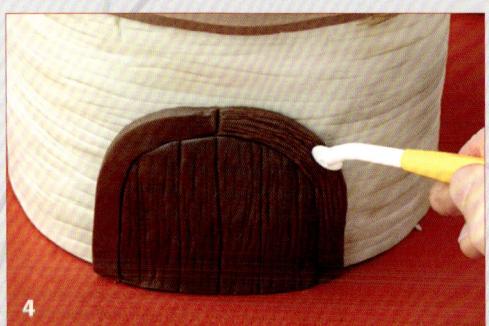

4

5

2 Streifen braunen Fondant als Türrahmen anbringen und ebenfalls eine Maserung mit dem Modellierrad gestalten.

Aus weißer Blütenpaste einen Türknopf und 2 Scharniere formen und mit Metallic-Farbe in Silber anmalen.

TORTEN-DESIGN
Diese 20 cm hohe Torte mit 16 cm Durchmesser steht auf einer Platte mit 33 cm Durchmesser, damit vor der Torte genug Platz für Kater und Mäuse bleibt. Der Fondantboden wurde bewusst unregelmäßig eingetönt, damit er schön rustikal aussieht.

Monty
DAS PFERD

SIE BRAUCHEN:
- Modellierwerkzeug (siehe Seite 12–13)
- Fondant in Braun, Beige, Weiß, Schwarz, Blau, Rot, Grün, Grau und Gelb
- Blütenpaste in Weiß, Schwarz und Hellbraun

Die Größe der Figur können Sie selbst bestimmen. Vorlagen für die hier gezeigte Größe finden Sie auf Seite 188. Monty wird aus Fondantmasse in Braun, Beige, Weiß, Schwarz und Blau geformt. Für das Zubehör brauchen Sie außerdem Fondant in Rot, Grün, Braun, Grau, Schwarz, Weiß und Gelb sowie Blütenpaste in Weiß, Schwarz und Hellbraun.

1 2 unterschiedlich große Kugeln aus braunem Fondant für den Rumpf und den Kopf rollen.

2 Die große Kugel zum Kegel formen. Das untere Ende muss deutlich dicker als das obere sein.

3 Für den Bauch die Vorderseite des Rumpfes in der Mitte eindrücken.

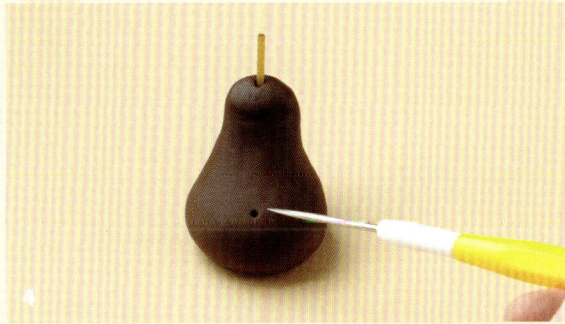

4 Ein Stück Spaghetti tief in den Rumpf stecken, oben herausstehen lassen. Den Bauchnabel andeuten.

5 Die kleinere Kugel eiförmig rollen.

EXTRATIPP
Kühe und Pferde werden ähnlich modelliert. Pferde haben lediglich einen längeren und schlankeren Kopf. Ein Pferdekopf ähnelt zudem in seinen Proportionen einem Hundekopf.

6 Den Kopf auf den Rumpf setzen, um die Proportionen zu prüfen.

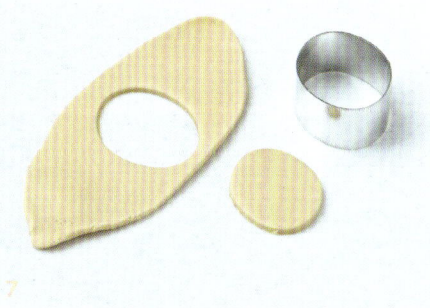

7 Beiges Fondant ausrollen und ein Oval ausstechen, das so groß ist wie die untere Hälfte des Kopfes.

8 Das Oval auf den unteren Teil des Kopfes kleben und die Ränder glätten.

9 Mit einem kleinen Kugel-Modellierwerkzeug 2 Nasenlöcher in das beige Oval drücken.

10 Mit dem breiten Ende einer kleinen Spritztülle einen Mund in das beige Oval drücken.

11 2 Löcher für die Augen mit der Modelliernadel einstechen. Mit der Seite der Nadel Rillen für die Ohren in den Oberkopf drücken.

Für die Augen 2 Kugeln aus weißem Fondant auf die vorbereiten Löcher kleben.

2 kleine schwarze Fondantkugeln als Pupillen auf die Augen kleben.

Für die Ohren 2 Kugeln aus braunem Fondant rollen. Eine zwischen Daumen und Zeigefinger zu einem Kegel formen.

Den Kegel flach drücken und das runde Ende abschneiden. Eine kleineres Dreieck aus beigem Fondant ausschneiden und mittig auf das braune Ohr kleben.

Schritt 14–15 für das andere Ohr wiederholen (auf gleiche Größe achten).

Die Ohren in die Rillen kleben, die in Schritt 11 vorbereitet wurden.

4 Streifen aus blauem Fondant zuschneiden. Dabei ist eine Reserve einkalkuliert, falls Streifen reißen sollten.

Einen blauen Streifen um die Ansatzlinie der Nase kleben, sodass diese verdeckt ist.

EXTRATIPP
Der Blick bestimmt die Ausstrahlung einer Figur. Niedliche Augen schauen schräg nach oben, freche oder herablassende schräg nach unten, intelligente schauen geradeaus. Schielende Augen passen dagegen zu Figuren mit etwas verrückter Ausstrahlung.

Einen zweiten blauen Streifen um den Hinterkopf legen. Er beginnt und endet am ersten Streifen.

Kleine Kugeln aus blauem Fondant rollen und über die Ansätze zwischen den Streifen kleben.

Mit dem Skalpell ein Kreuz in die blaue Kugel ritzen.

Für die Stirnlocke einige dünne Kegel aus beigem Fondant rollen, etwas krümmen und zwischen den Ohren festkleben.

EXTRATIPP
Braunen Fondant verknete ich meist mit etwas weißem Fondant. Reines Braun ist oft so dunkel, dass man Einzelheiten des Gesichts einer Figur nur schlecht erkennen kann.

Für die Beine 2 Kugeln aus brauner Fondantmasse zu Kegeln rollen.

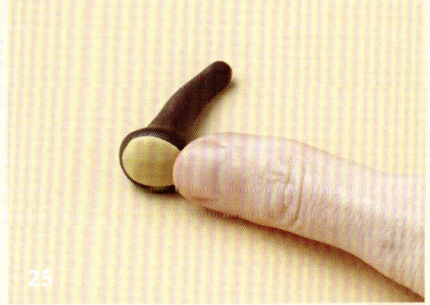

Einen Kreis aus beiger Fondantmasse unter das breite Ende eines Beins kleben.

Für das Hufeisen aus blauem Fondant 2 Tropfen ausstechen.

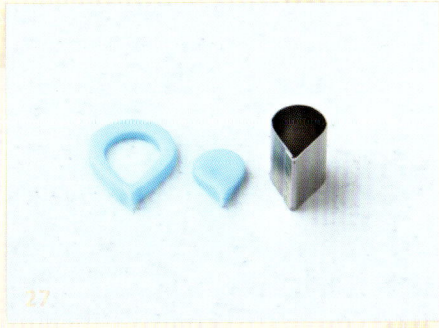

Mit einem kleineren Tropfen-Ausstecher das Innere aus den großen Tropfen herausstechen und beiseitelegen.

Mit einem Skalpell die spitzen Enden der ausgehöhlten Tropfen abschneiden. Sie benötigen nur die oberen Bögen.

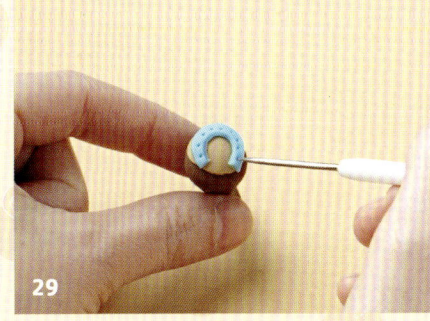

Die Hufeisen unter die beigefarbenen Kreise an den Beinen kleben und mit einer Modelliernadel kleine Löcher für die Hufnägel einstechen.

Die Beine an den unteren Rumpf kleben. Sie können jetzt auch den Kopf auf dem Rumpf festkleben.

EXTRATIPP
Durchdenken Sie die Gestaltung der ganzen Torte, bevor Sie mit dem Modellieren beginnen. Sie bestimmt beispielsweise die Blickrichtungen der Figuren und die Proportionen. Figuren für Torten sollten ca. 8 cm hoch sein, für Cupcakes genügt eine Höhe von 5 cm.

31

Für die Arme 2 braune Fondantkugeln zu Kegeln formen und beide in der Mitte rechtwinklig abknicken.

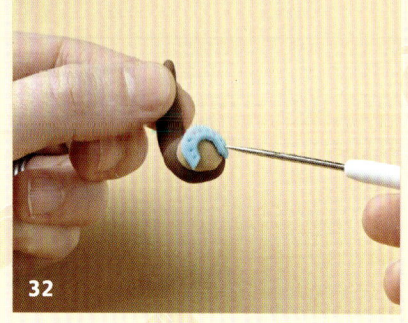

32

2 weitere Hufeisen *(siehe Schritt 26–29)* herstellen.

33

Die Arme so am Rumpf festkleben, dass sie auf den Beinen aufliegen.

34

Für den Schweif in eine Modellierpresse einen Haar-Einsatz einlegen.

35

Etwas beigen Fondant zur Rolle formen, in die Modellierpresse einlegen und den Aufsatz aufschrauben.

EXTRATIPP
Fondant, der gepresst werden soll, immer mit etwas weißem Pflanzenfett verkneten. So verhindern Sie, dass die Fondantmasse während des Pressvorgangs zu schnell trocknet und spröde wird.

36

Stränge in der vorgesehenen Schweiflänge herauspressen, mit den Fingern von der Presse lösen und unter dem Hinterteil des Pferds festkleben.

37

So sieht das fertige Pferd aus.

Äpfel

Kugeln aus rotem und grünem Fondant rollen und jede mit einem kleinen Kugel-Modellierwerkzeug einmal eindrücken. Kleine, dünne Kegel aus braunem Fondant für die Stiele rollen und in die Vertiefungen kleben.

Eimer

EXTRATIPP
Modellieren Sie möglichst viel mit den Fingern. Setzen Sie Werkzeug nur ein, wenn es unbedingt notwendig ist und um eine Form klarer herauszuarbeiten.

Eine graue Fondantkugel zum Kegel rollen. Das obere und das untere Ende abschneiden und beiseitelegen.

Den Rand des breiteren Endes des Eimers zwischen Daumen und Zeigefinger zusammendrücken und hochziehen.

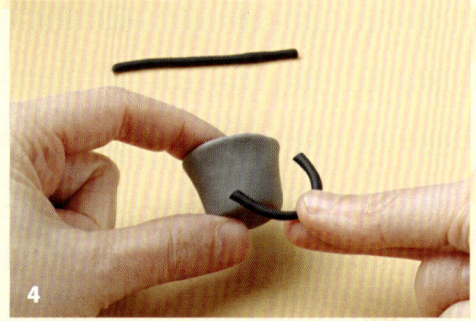

Für den Henkel einen dünnen Strang aus schwarzer Blütenpaste rollen und krümmen. 10 Minuten trocknen lassen.

Inzwischen die Oberseite des Eimers sanft auf die Arbeitsfläche stoßen, damit sie gerade wird.

Mit einem großen Kugel-Modellierwerkzeug den Rand modellieren. Dabei von innen gegen den außen angelegten Finger drücken.

Den Henkel an den Eimer kleben und einige Äpfel hineinlegen. Eventuell müssen sie festgeklebt werden.

Zaun

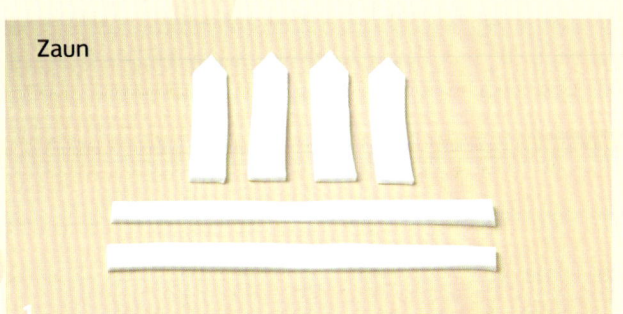

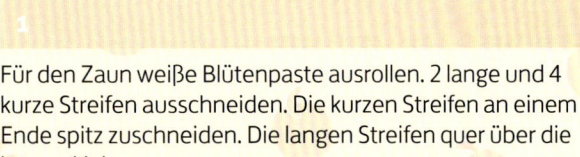

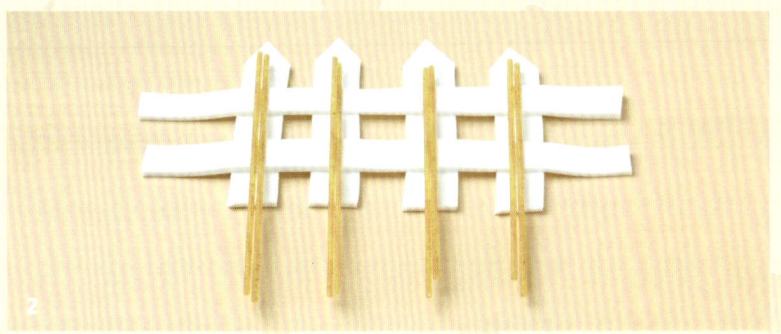

Für den Zaun weiße Blütenpaste ausrollen. 2 lange und 4 kurze Streifen ausschneiden. Die kurzen Streifen an einem Ende spitz zuschneiden. Die langen Streifen quer über die kurzen kleben.

Zur Verstärkung auf der Rückseite der kurzen Zaunpfosten 2 oder 3 Spaghettistücke festkleben.

Den Zaun umdrehen. Im Abstand der Zaunpfosten kleine Löcher in die Oberfläche der Torte stechen, damit die Spaghetti beim Einstecken nicht abbrechen. Den Zaun auf der Torte festkleben.

TORTEN-DESIGN
Für das Bild rechts habe ich das Pferd auf eine runde Torte mit 30 cm Durchmesser gesetzt. Neben ihm steht eine Scheune aus 2 rechteckigen Kuchenblöcken, von denen einer für das Dach schräg zugeschnitten ist. Sie sind mit rotem und braunem Fondant überzogen.

Scheune

2 Kuchenblöcke mit einer roten Fondantdecke überziehen. Mit einem Modellierrad viele kurze, unregelmäßige Linien einritzen, um die Holzmaserung anzudeuten. Ein Dach aus brauner Fondantmasse auflegen.

Auch das Dach mit einer Holzmaserung versehen. Eine Tür aus weißer Blütenpaste, einen Stern aus gelber Blütenpaste und einen Knauf aus grauer Fondantmasse anbringen. Einen Strang hellbrauner Blütenpaste aufrollen und wie ein Seil über den Knauf hängen.

Vorlagen

Wenn Sie die Figuren in Originalgröße nacharbeiten
möchten, können Sie sich an diesen Vorlagen orientieren.

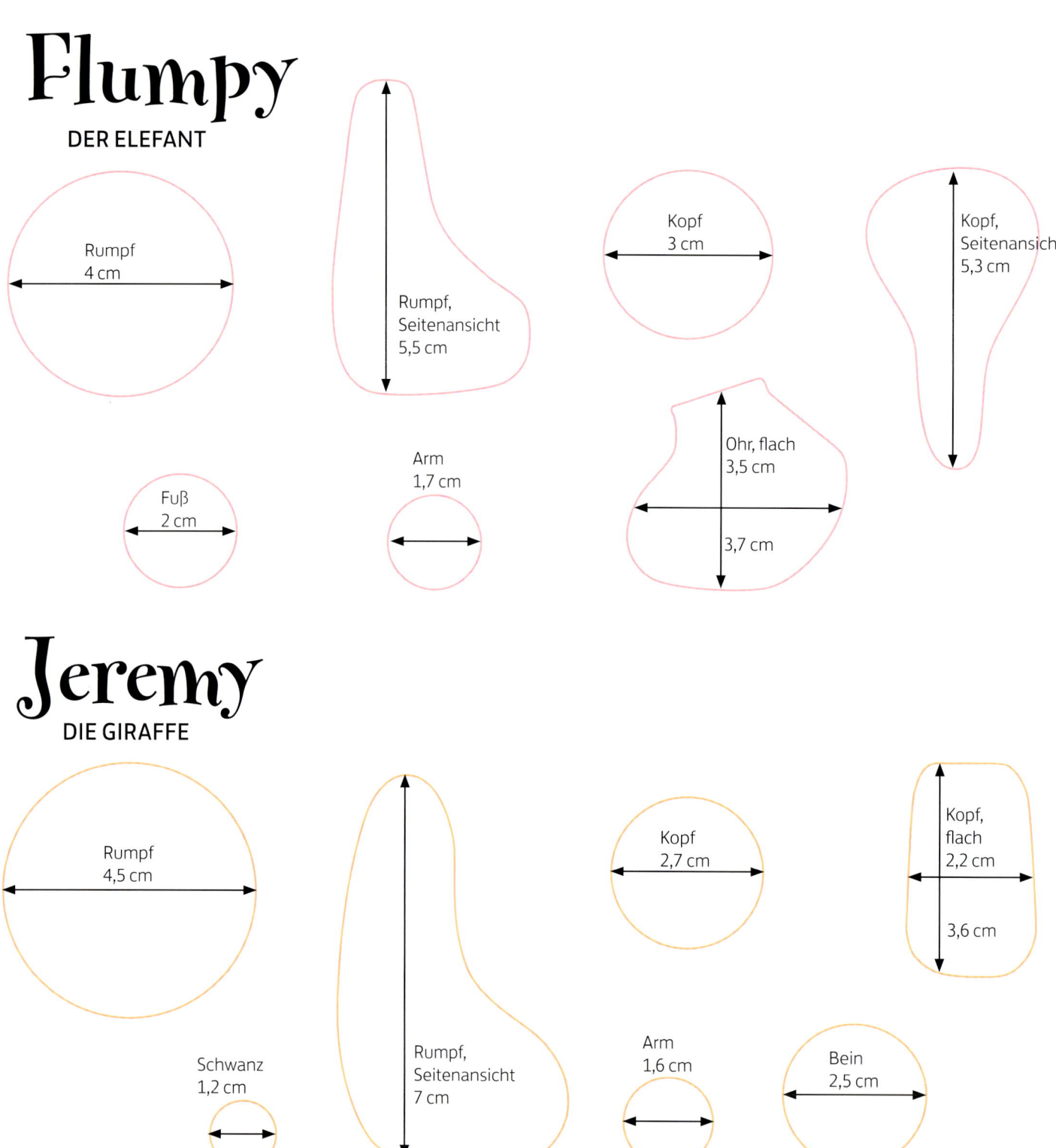

Flumpy
DER ELEFANT

Rumpf
4 cm

Rumpf,
Seitenansicht
5,5 cm

Kopf
3 cm

Kopf,
Seitenansicht
5,3 cm

Fuß
2 cm

Arm
1,7 cm

Ohr, flach
3,5 cm

3,7 cm

Jeremy
DIE GIRAFFE

Rumpf
4,5 cm

Kopf
2,7 cm

Kopf,
flach
2,2 cm

3,6 cm

Schwanz
1,2 cm

Rumpf,
Seitenansicht
7 cm

Arm
1,6 cm

Bein
2,5 cm

Maloo
DER AFFE

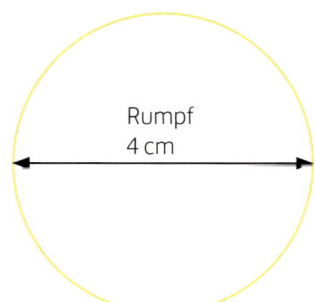

Rumpf
4 cm

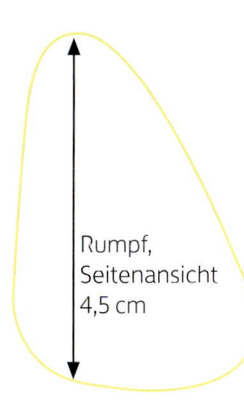

Rumpf,
Seitenansicht
4,5 cm

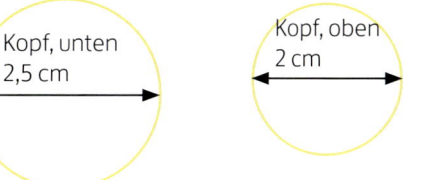

Kopf, unten
2,5 cm

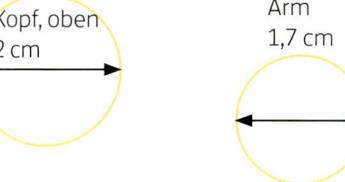

Kopf, oben
2 cm

Arm
1,7 cm

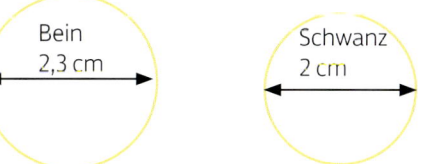

Bein
2,3 cm

Schwanz
2 cm

Ariel
DER LÖWE

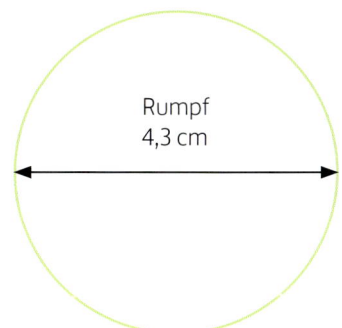

Rumpf
4,3 cm

Rumpf,
Seiten-
ansicht
5,7 cm

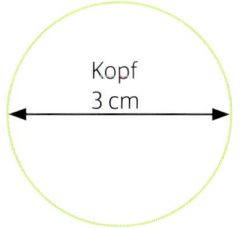

Kopf
3 cm

Kopf,
Seiten-
ansicht
3,4 cm

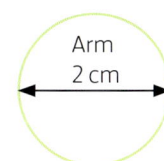

Arm
2 cm

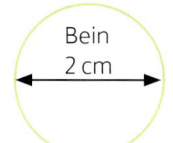

Bein
2 cm

Schwanz
1,5 cm

Zachery
DAS ZEBRA

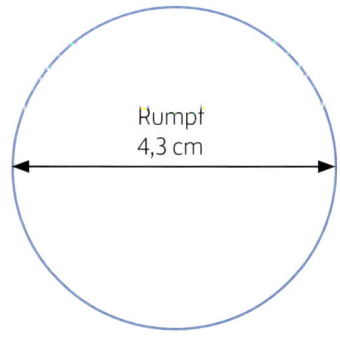

Rumpf
4,3 cm

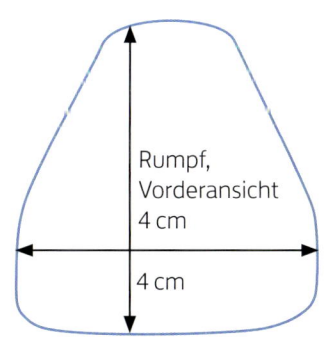

Rumpf,
Vorderansicht
4 cm

4 cm

Arm
1,5 cm

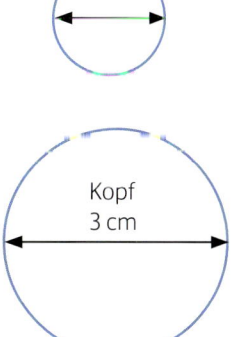

Kopf
3 cm

Bein
2 cm

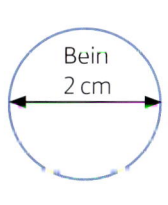

Schwanz
2 cm

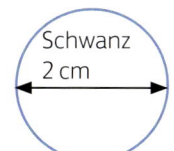

Eden
DIE FRÖHLICHE FEE

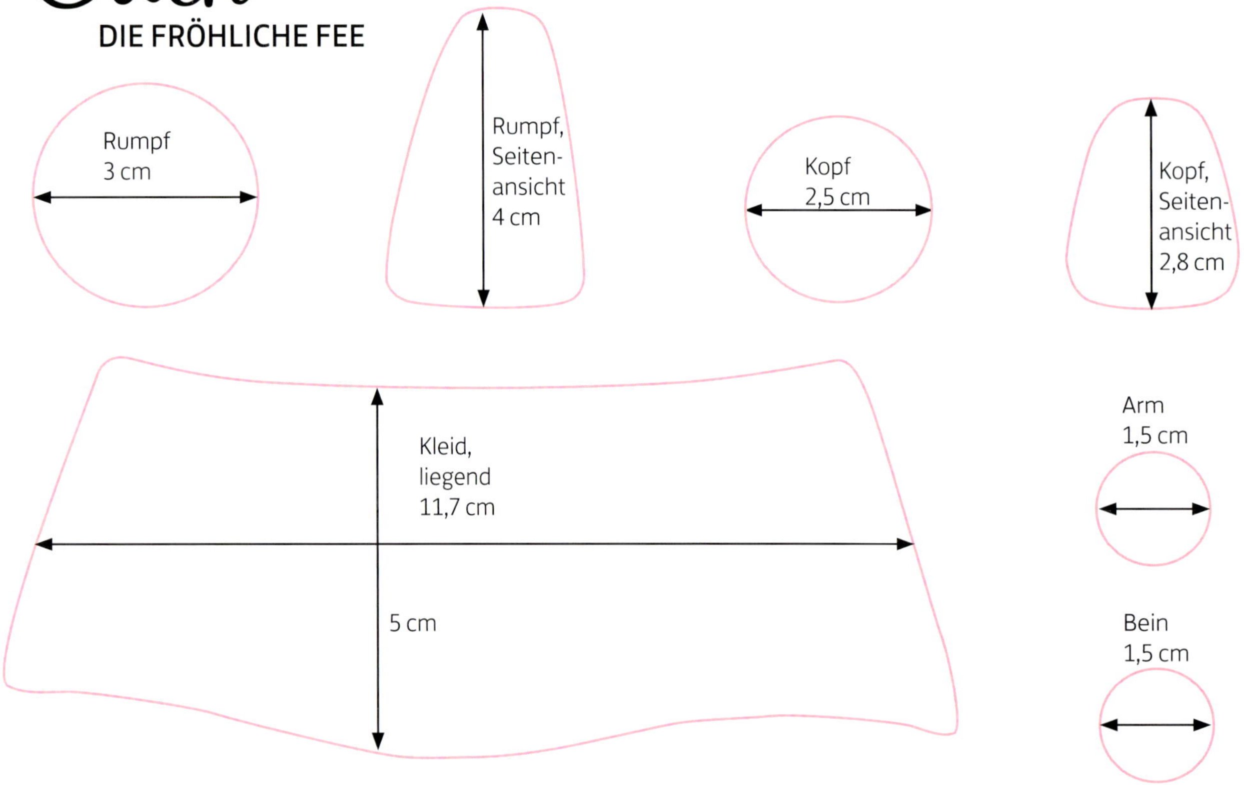

Rumpf
3 cm

Rumpf,
Seiten-
ansicht
4 cm

Kopf
2,5 cm

Kopf,
Seiten-
ansicht
2,8 cm

Kleid,
liegend
11,7 cm

5 cm

Arm
1,5 cm

Bein
1,5 cm

Darcie
DIE TANZFEE

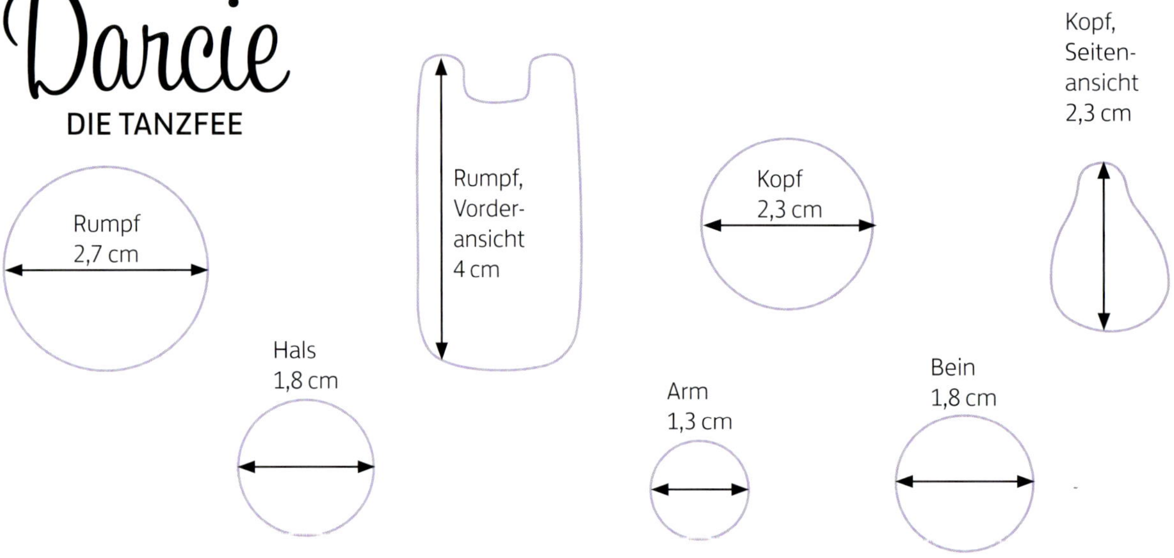

Rumpf
2,7 cm

Hals
1,8 cm

Rumpf,
Vorder-
ansicht
4 cm

Kopf
2,3 cm

Kopf,
Seiten-
ansicht
2,3 cm

Arm
1,3 cm

Bein
1,8 cm

Matilda
DIE SCHREIBFEE

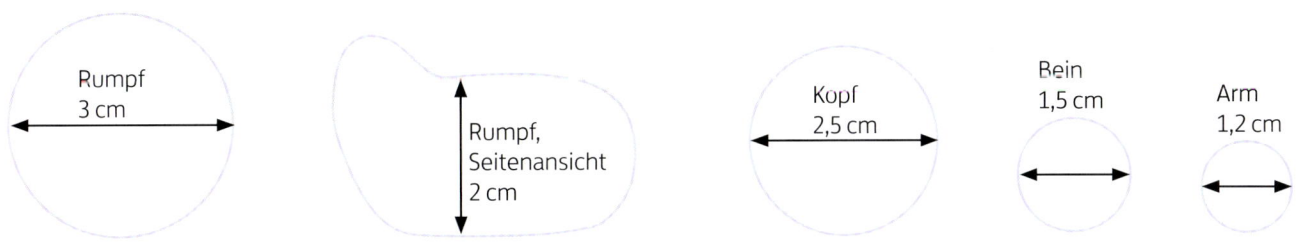

Rumpf
3 cm

Rumpf,
Seitenansicht
2 cm

Kopf
2,5 cm

Bein
1,5 cm

Arm
1,2 cm

Bramble & Ben
DIE FEENGESCHWISTER

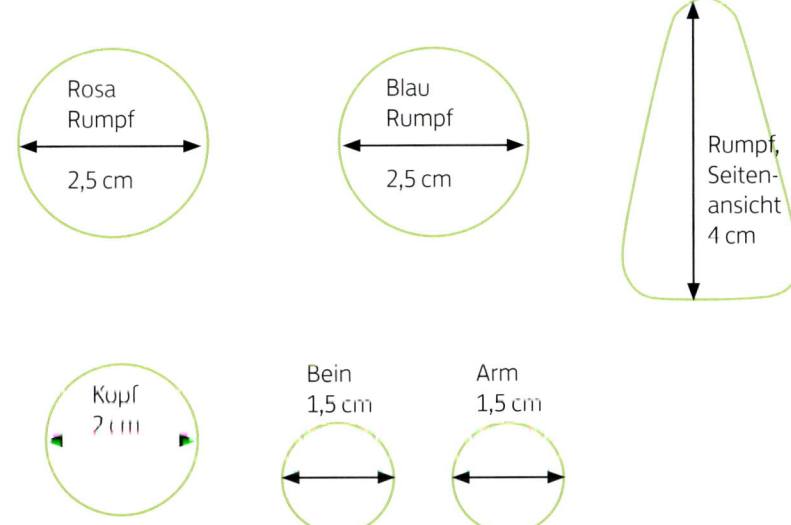

Rosa
Rumpf
2,5 cm

Blau
Rumpf
2,5 cm

Rumpf,
Seiten-
ansicht
4 cm

Kopf
2 cm

Bein
1,5 cm

Arm
1,5 cm

Gooba

VOM ROTEN PLANETEN

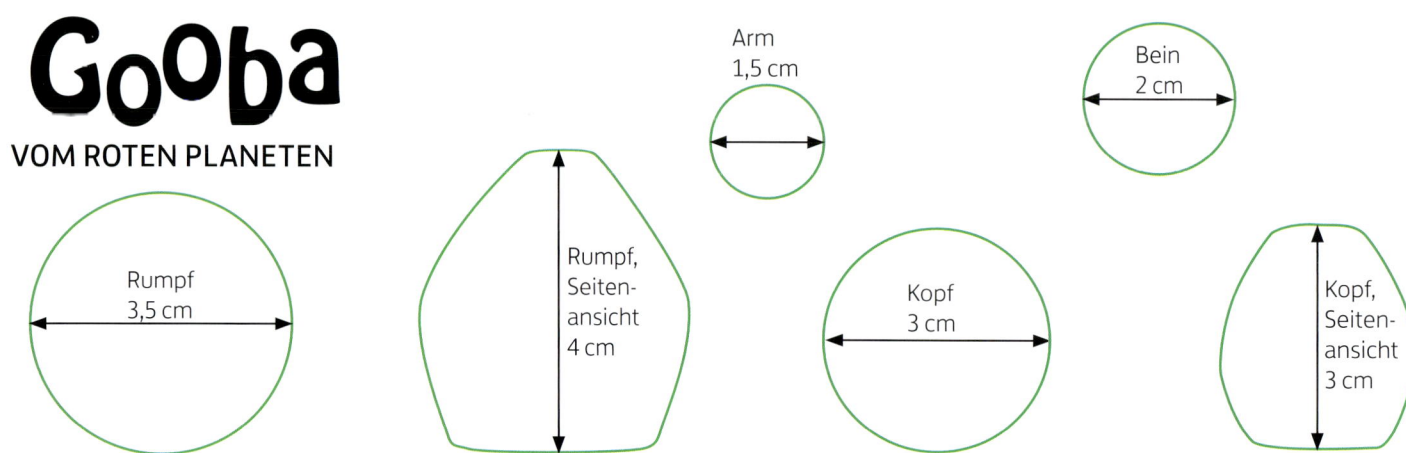

Blinky

VOM ZYKLOPENSTERN

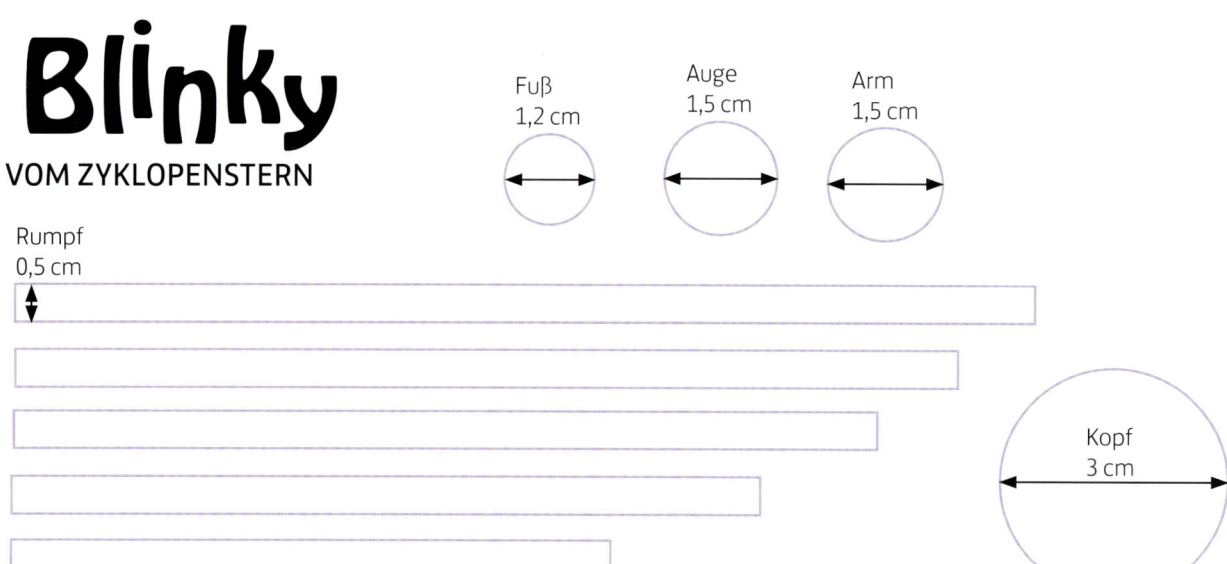

Boppa

DAS WÜSTENMONSTER

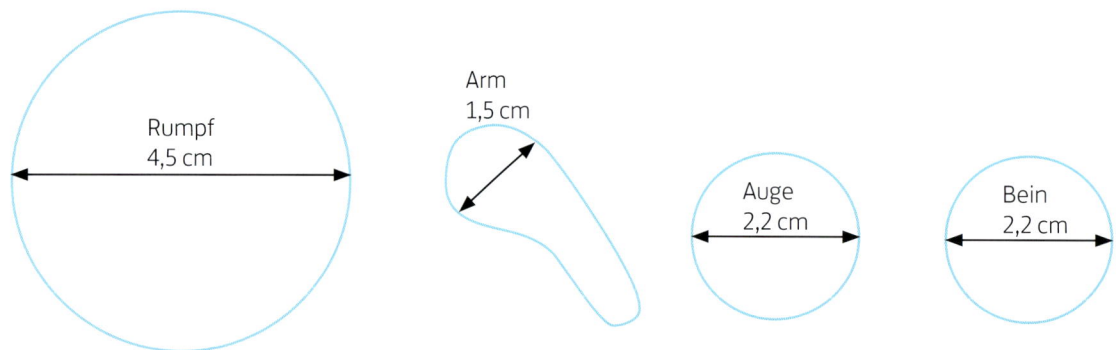

Bertie

AUS DEM ALL

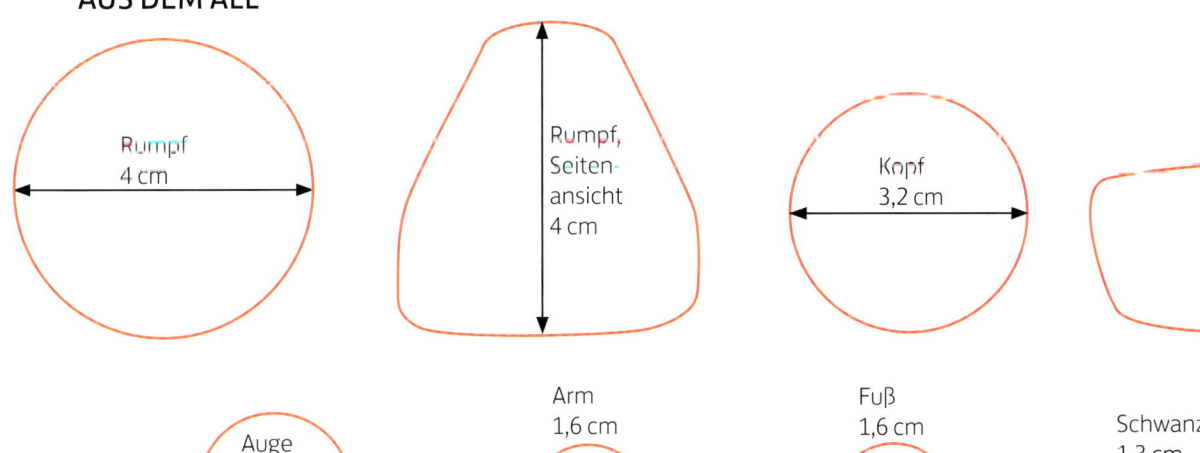

Rumpf 4 cm	Rumpf, Seitenansicht 4 cm	Kopf 3,2 cm	Kopf, Seitenansicht 2,3 cm

Auge 2 cm

Arm 1,6 cm

Fuß 1,6 cm

Schwanz 1,3 cm

Giggles

DAS KICHERMONSTER

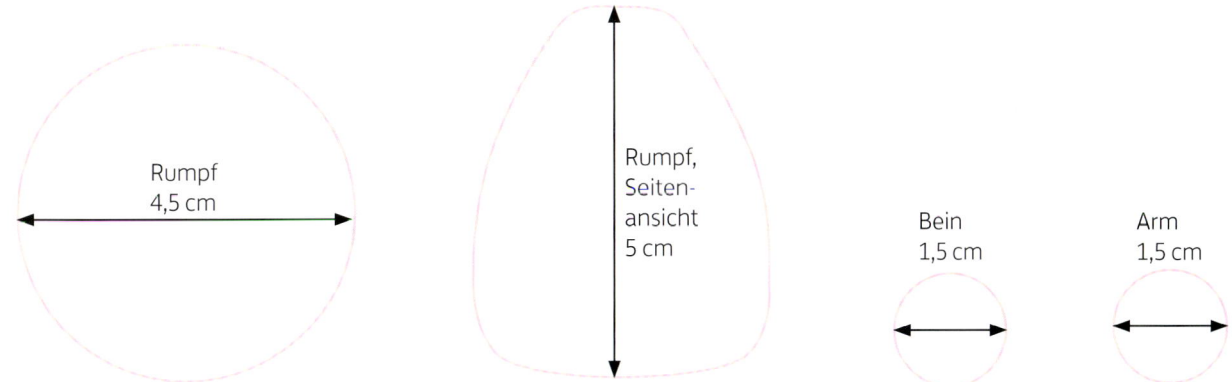

Rumpf 4,5 cm

Rumpf, Seitenansicht 5 cm

Bein 1,5 cm

Arm 1,5 cm

ROXY

DIE OKTOPUS-DAME

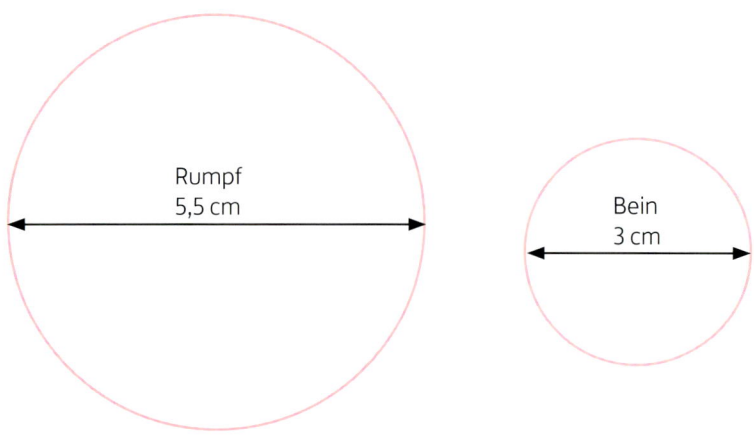

Rumpf
5,5 cm

Bein
3 cm

Länge der Fangarme 16 cm

TONTO

DIE SCHILDKRÖTE

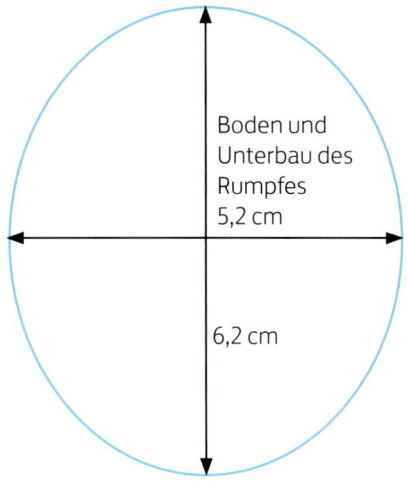

Boden und
Unterbau des
Rumpfes
5,2 cm

6,2 cm

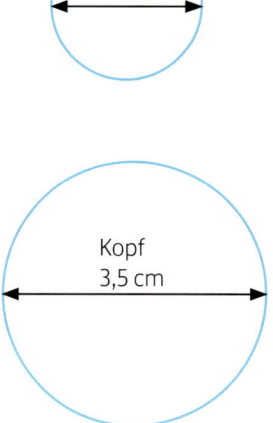

Hals
2 cm

Kopf
3,5 cm

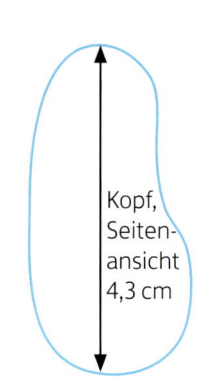

Kopf,
Seiten-
ansicht
4,3 cm

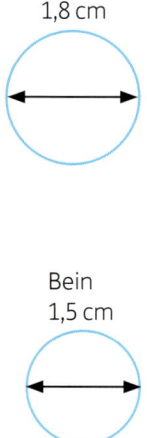

Arm
1,8 cm

Bein
1,5 cm

CHARLIE

DER PAPAGEI

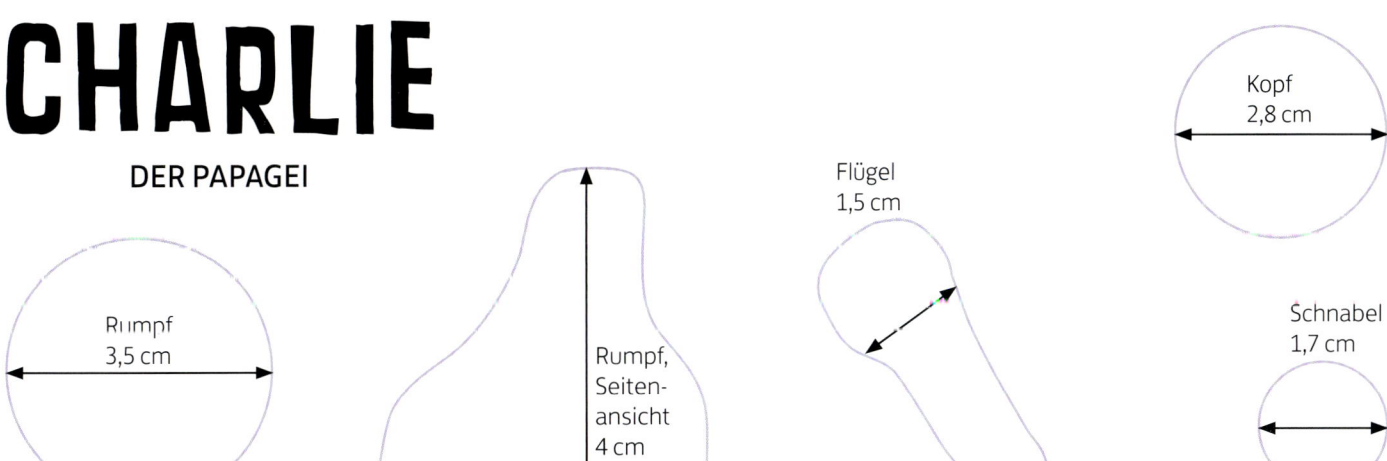

Rumpf
3,5 cm

Rumpf,
Seiten-
ansicht
4 cm

Flügel
1,5 cm

Kopf
2,8 cm

Schnabel
1,7 cm

BOOMER

DER FISCH

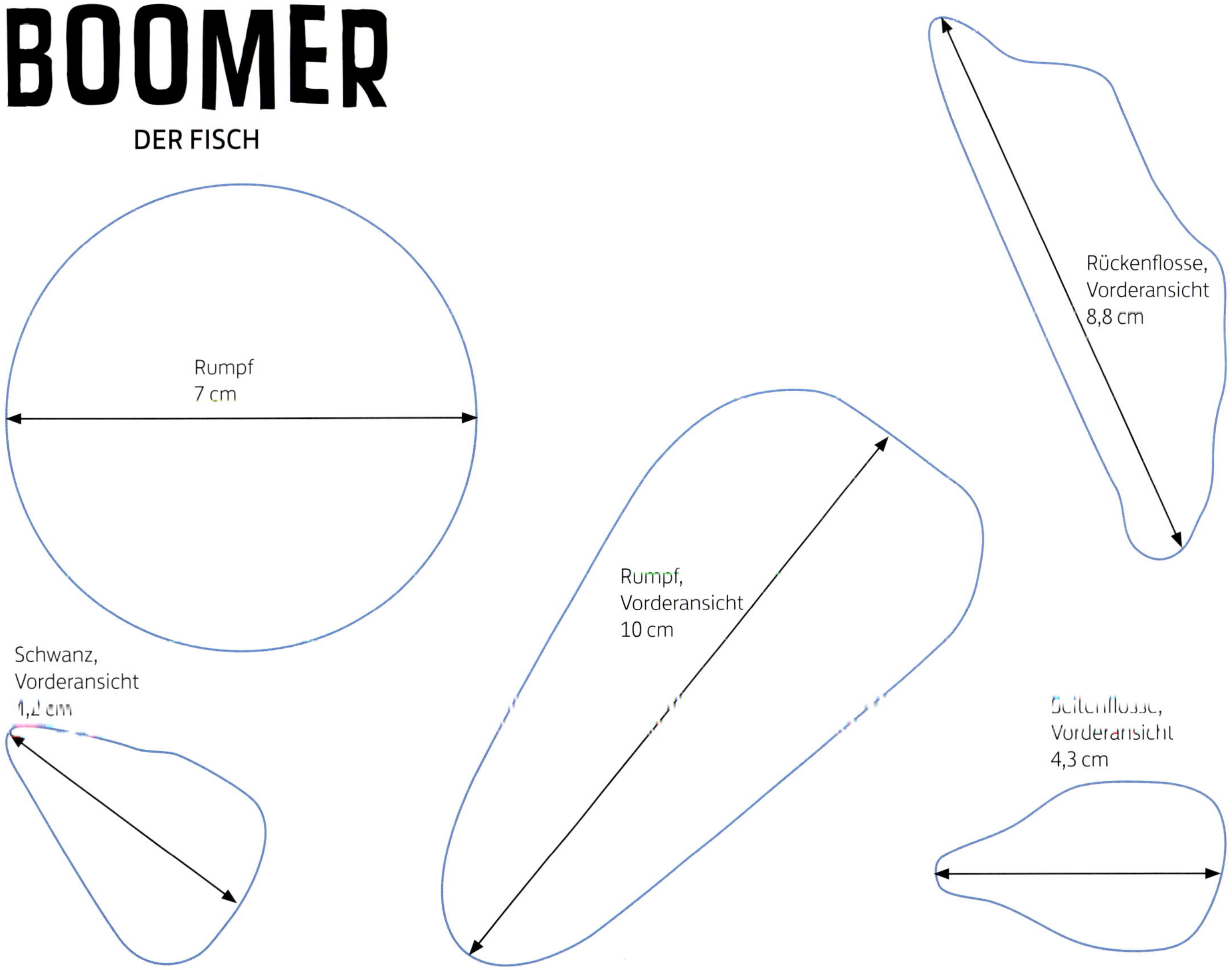

Rumpf
7 cm

Rückenflosse,
Vorderansicht
8,8 cm

Schwanz,
Vorderansicht
1,2 cm

Rumpf,
Vorderansicht
10 cm

Seitenflosse,
Vorderansicht
4,3 cm

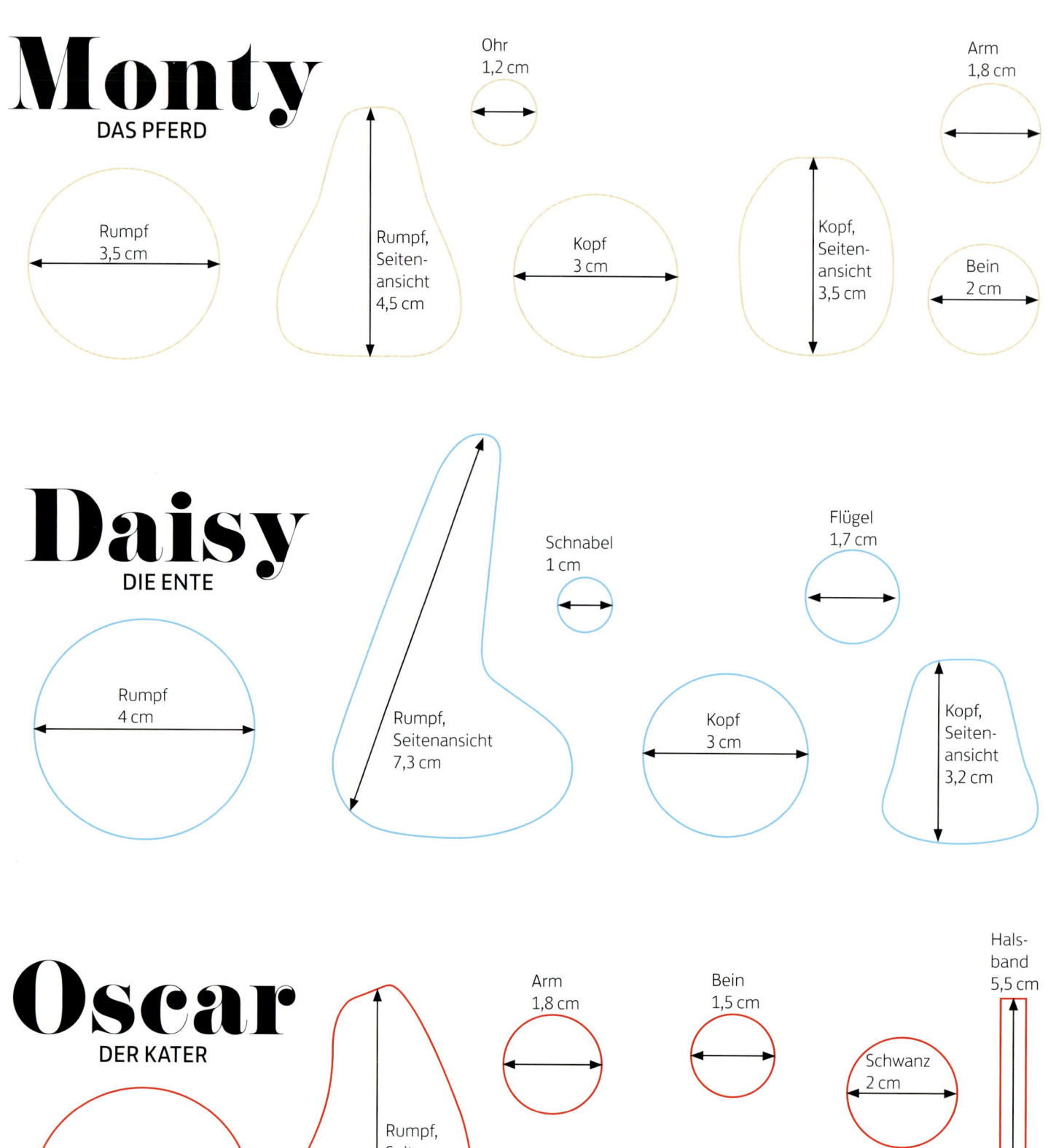

Monty
DAS PFERD

Rumpf
3,5 cm

Rumpf,
Seiten-
ansicht
4,5 cm

Ohr
1,2 cm

Kopf
3 cm

Kopf,
Seiten-
ansicht
3,5 cm

Arm
1,8 cm

Bein
2 cm

Daisy
DIE ENTE

Rumpf
4 cm

Rumpf,
Seitenansicht
7,3 cm

Schnabel
1 cm

Kopf
3 cm

Flügel
1,7 cm

Kopf,
Seiten-
ansicht
3,2 cm

Oscar
DER KATER

Rumpf
4 cm

Rumpf,
Seiten-
ansicht
5,8 cm

Arm
1,8 cm

Bein
1,5 cm

Schwanz
2 cm

Hals-
band
5,5 cm

Kopf
2,5 cm

Kopf,
Seiten-
ansicht
2,7 cm

Ohr
1 cm

Barnaby
DAS SCHAF

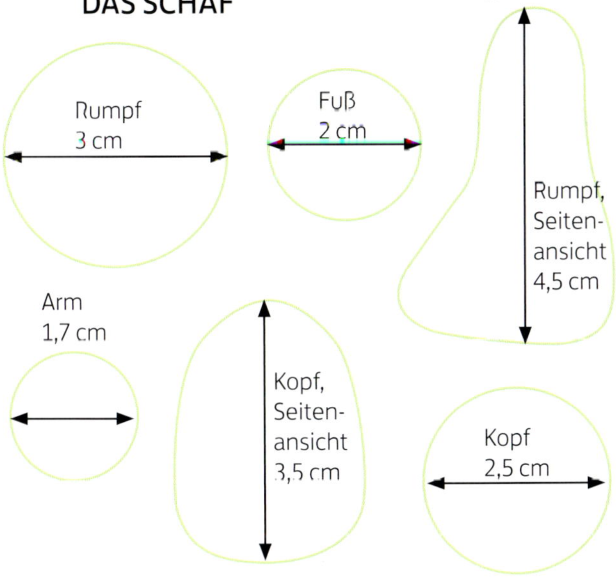

Rumpf
3 cm

Fuß
2 cm

Rumpf,
Seiten-
ansicht
4,5 cm

Arm
1,7 cm

Kopf,
Seiten-
ansicht
3,5 cm

Kopf
2,5 cm

Coco
DIE KUH

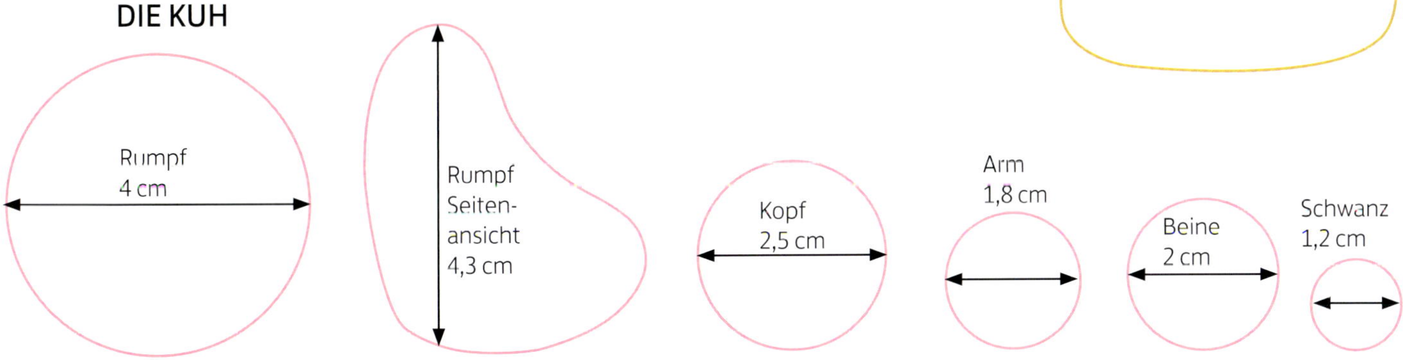

Rumpf
4 cm

Rumpf
Seiten-
ansicht
4,3 cm

Kopf
2,5 cm

Arm
1,8 cm

Beine
2 cm

Schwanz
1,2 cm

Rosie
DAS SCHWEIN

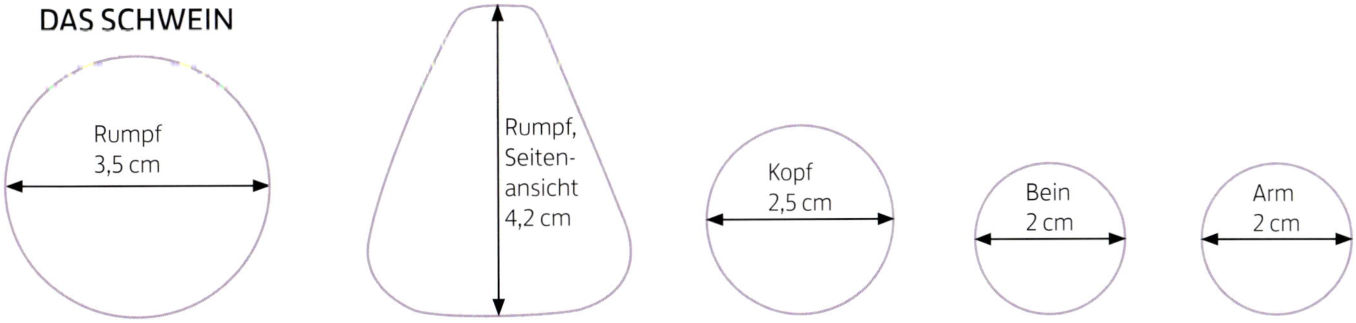

Rumpf
3,5 cm

Rumpf,
Seiten-
ansicht
4,2 cm

Kopf
2,5 cm

Bein
2 cm

Arm
2 cm

BEZUGSQUELLEN

Alle Zutaten und Utensilien, die Sie für die Figuren in diesem Buch benötigen, können bei Spezialanbietern bestellt werden, sind aber in zunehmendem Maße auch im gut sortierten Lebensmittelhandel und in Fachgeschäften für Haushaltsartikel zu finden.

Auch die Website der Autorin verfügt über einen Online-Shop, der Kunden in aller Welt beliefert (**www.prettywittycakes. co.uk**). Außerdem finden Sie dort eine Vielzahl von Rezepten und Online-Tutorials, in denen Suzi und ihr Team von etwa 20 Expertinnen ihr Wissen teilen: von Grundlagen des Backens bis zu raffinierten Tortenkreationen und Dekorationen.

REGISTER

Für meinen Mann und besten Freund James, der mich in jeder Hinsicht unterstützt.

Es hat mir großen Spaß gemacht, dieses Buch zu entwickeln, und ich werde mich immer gern an die Arbeit erinnern.

Ich möchte allen Mitarbeitern von Pretty Witty Cakes danken, die mir ermöglicht haben, mir Zeit zum Schreiben dieses Buchs zu nehmen. Vielen Dank an Amber, die mir jeden Tag viel Arbeit in der Küche abnimmt und einige Ideen zum Buch beigesteuert hat. Dank an Kate, die sich um den Papierkram gekümmert und mir damit viele freie Stunden zum Schreiben verschafft hat.

Danken möchte ich auch dem Team im Verlag: Alison Cathie, Jane O' Shea und Lisa Pendreigh.
Besonderen Dank an Nikki Ellis, die mich von Anfang bis Ende bei der Arbeit an diesem Buch mit geradezu ansteckender Begeisterung begleitet hat, die zu jedem unserer Meetings massenhaft Plätzchen mitgebracht und mit enormer Geduld wertvolle Tipps zu all den Details der Bilder beigesteuert hat.

Herzlichen Dank an das tolle Fototeam, das oft bis in den späten Abend gearbeitet hat. Die Weingummifische und die tollen Malou-Burger werde ich garantiert nie vergessen. Es war fantastisch, mit Menschen zu arbeiten, mit denen man auch am Ende eines langen Tages so viel lachen konnte. Besonderen Dank an Sheila Udeagu, an Polly Webb-Wilson, an Tom und Ben.

Danken möchte ich auch Katie Golsby für das kompetente Lektorat und die Geduld, mit der sie auf meine Antworten gewartet hat. Ihre Layout-Tipps waren ungemein hilfreich.

Da inzwischen viele Expertinnen als Kursleiterinnen für Pretty Witty Cakes arbeiten, konnte ich meine Ideen mit Kollegen diskutieren.

Ihnen verdanke ich viel. So danke ich meiner guten Freundin Kaysie Lackey, die mir 2011 die Colour Shapers zeigte. Danke an die reizende Rachel Hill, die nicht nur tolle Torten produziert, sondern eine liebe Freundin ist und mir 2013 besonders zur Seite gestanden hat. Danke an May Clee Cadman für die guten Tipps zum Schreiben von Backbüchern. Danke an Hannah, die mir hilft, Kinder und Beruf unter einen Hut zu bringen, und mir immer das Gefühl gab, dass meine Kinder bestens aufgehoben waren, wenn ich arbeitete.

Was wären wir ohne die Unterstützung unserer Kunden? Viele habe ich kennengelernt, als ich das Geschäft 2010 gründete, und ich bin zutiefst dankbar, dass sie uns bis heute die Treue gehalten haben.

Vielen Dank an meine Lieferanten für schnelle Abwicklung von Bestellungen und viele qualifizierte Ratschläge. Besonders danke ich Mike und Karen von FPC Sugarcraft.

Besonderen Dank sage ich einigen meiner uralten Freunde, die die Geburtsstunde von Pretty Witty Cakes miterlebt und mich nach Kräften ermutigt und unterstützt haben. Herzlichen Dank an Dave Hall, einen der begabtesten Künstler, die ich kenne. Er besitzt die einzigartige Fähigkeit, nur aufgrund meiner Worte ein exaktes Bild dessen, was ich im Kopf habe, zu Papier zu bringen. Dankeschön auch an Phillip Hall, der mich seit der Gründung von Pretty Witty Cakes vom anderen Ende der Welt aus mit geschäftlichem und persönlichem Rat unterstützt hat.

Zum Schluss möchte ich meinem Mann James und meinen beiden Söhnen Barnaby und Bertie danken. Meine Familie ist klein, aber es ist die beste kleine Familie der Welt. Ich könnte mir keinen liebevolleren Mann und keine süßeren Kinder wünschen. Jede einzelne meiner Torten und Figuren beginnt und endet mit euch.

Die Originalausgabe erschien 2014 unter dem Titel
Pretty Witty Cakes Book of Sugarcraft Characters
bei
Quadrille Publishing Ltd
Alhambra House
27–31 Charing Cross Road
London WC2H 0LS
www.quadrille.co.uk
Copyright © 2014 Quadrille Publishing

Text und Design der Figuren: Copyright © 2014 Suzie Witt

Fotos: Copyright © 2014 Malou Burger

Aus dem Englischen von Wiebke Krabbe

1. Auflage 2015

Deutsche Ausgabe Copyright © 2015 Gerstenberg Verlag, Hildesheim

Alle Rechte vorbehalten

Satz und Redaktion: Anne Wahler, bookwise GmbH, München

Printed in China

www.gerstenberg-verlag.de

ISBN 978-3-8369-2103-9